SV

Band 397 der Bibliothek Suhrkamp

Ferruccio Busoni
Entwurf einer neuen Ästhetik
der Tonkunst

Mit Anmerkungen
von Arnold Schönberg
und einem Nachwort
von H. H. Stuckenschmidt

Suhrkamp Verlag

Der Text dieses Bandes folgt der zweiten, erweiterten Ausgabe von Busonis *Entwurf einer neuen Ästhetik der Tonkunst*, erschienen 1916 in Leipzig. Die Anmerkungen, die Arnold Schönberg handschriftlich in sein Exemplar dieser Ausgabe notierte, sind im Anhang transkribiert wiedergegeben.

Erste Auflage dieser Ausgabe 1974
Lizenzausgabe mit freundlicher Genehmigung
des Insel Verlages Frankfurt am Main
© Insel Verlag Frankfurt am Main 1974
Alle Rechte vorbehalten
Druck: Poeschel & Schulz-Schomburgk, Eschwege
Printed in Germany

Dem Musiker in Worten

Rainer Maria Rilke

verehrungsvoll und freundschaftlich
dargeboten

»Was sucht Ihr? Sagt! Und was erwartet Ihr?«
»Ich weiß es nicht; ich will das Unbekannte!
Was mir bekannt, ist unbegrenzt. Ich will
darüber noch. Mir fehlt das letzte Wort.«

»Der mächtige Zauberer.«

>Ich fühlte ... daß ich kein englisches und kein la-
teinisches Buch schreiben werde: und dies aus dem
einen Grund ... nämlich weil die Sprache, in welcher nicht nur zu schreiben, sondern auch zu denken
mir vielleicht gegeben wäre, weder die lateinische,
noch die englische, noch die italienische und spani-
sche ist, sondern eine Sprache, von deren Worten mir
auch nicht eines bekannt ist, eine Sprache, in welcher
die stummen Dinge zu mir sprechen und in welcher
ich vielleicht einst im Grabe vor einem unbekannten
Richter mich verantworten werde.«

> Hugo von Hofmannsthal, »Ein Brief«

Der literarischen Gestaltung nach recht locker an-
einander gefügt, sind diese Aufzeichnungen in
Wahrheit das Ergebnis von lange und langsam
gereiften Überzeugungen.
In ihnen wird ein größtes Problem mit scheinbarer
Unbefangenheit aufgestellt, ohne daß der Schlüs-
sel zu seiner letzten Lösung gegeben werde, weil
das Problem auf Menschenalter hinaus nicht –
wenn überhaupt – lösbar ist.
Aber es begreift in sich eine unaufgezählte Reihe
minderer Probleme, auf die ich das Nachdenken
derjenigen lenke, die es betrifft. Denn recht lange
schon hatte man in der Musik ernstlichem Suchen
nicht sich hingegeben.
Wohl entsteht zu jeder Zeit Geniales und Bewun-
derungswertes, und ich stellte mich stets in die
erste Reihe, die vorüberziehenden Fahnenträger
freudig zu begrüßen; aber mir will es scheinen,

daß die mannigfachen Wege, die beschritten werden, zwar in schöne Weiten führen, aber nicht – nach oben.

Der Geist eines Kunstwerkes, das Maß der Empfindung, das Menschliche, das in ihm ist – sie bleiben durch wechselnde Zeiten unverändert an Wert; die Form, die diese drei aufnahm, die Mittel, die sie ausdrückten, und der Geschmack, den die Epoche ihres Entstehens über sie ausgoß, sie sind vergänglich und rasch alternd.

Geist und Empfindung bewahren ihre Art, so im Kunstwerk wie im Menschen; technische Errungenschaften, bereitwilligst erkannt und bewundert, werden überholt, oder der Geschmack wendet sich von ihnen gesättigt ab. –

Die vergänglichen Eigenschaften machen das »Moderne« eines Werkes aus; die unveränderlichen bewahren es davor, »altmodisch« zu werden. Im »Modernen« wie im »Alten« gibt es Gutes und Schlechtes, Echtes und Unechtes. Absolut Modernes existiert nicht – nur früher oder später Entstandenes; länger blühend oder schneller welkend. Immer gab es Modernes, und immer Altes. –

Die Kunstformen sind um so dauernder, je näher sie sich an das Wesen der einzelnen Kunstgattung halten, je reiner sie sich in ihren natürlichen Mitteln und Zielen bewahren.

8

Die Plastik verzichtet auf den Ausdruck der menschlichen Pupille und auf die Farben; die Malerei degradiert, wenn sie die darstellende Fläche verläßt und sich zur Theaterdekoration oder zum Panoramabild kompliziert; –

die Architektur hat ihre Grundform, die von unten nach oben zu schreiten muß, durch statische Notwendigkeit vorgeschrieben; Fenster und Dach geben notgedrungen die mittlere und abschließende Ausgestaltung; diese Bedingungen sind an ihr bleibend und unverletzbar; –

die Dichtung gebietet über den abstrakten Gedanken, den sie in Worte kleidet; sie reicht an die weitesten Grenzen und hat die größere Unabhängigkeit voraus:

aber alle Künste, Mittel und Formen erzielen beständig das eine, nämlich die Abbildung der Natur und die Wiedergabe der menschlichen Empfindungen.

Architektur, Plastik, Dichtung und Malerei sind alte und reife Künste; ihre Begriffe sind gefestigt und ihre Ziele sicher geworden; sie haben durch Jahrtausende den Weg gefunden und beschreiben, wie ein Planet, regelmäßig ihren Kreis.*

Ihnen gegenüber ist die Tonkunst das Kind, das zwar gehen gelernt hat, aber noch geführt werden

* Dessenungeachtet können und werden an ihnen Geschmack und Eigenschaft sich immer wieder verjüngen und erneuern.

9

muß. Es ist eine jungfräuliche Kunst, die noch nichts erlebt und gelitten hat.

Sie ist sich selbst noch nicht bewußt dessen, was sie kleidet, der Vorzüge, die sie besitzt, und der Fähigkeiten, die in ihr schlummern: wiederum ist sie ein Wunderkind, das schon viel Schönes geben kann, schon viele erfreuen konnte und dessen Gaben allgemein für völlig ausgereift gehalten werden.

Die Musik als Kunst, die sogenannte abendländische Musik, ist kaum vierhundert Jahre alt, sie lebt im Zustande der Entwicklung; vielleicht im allerersten Stadium einer noch unabsehbaren Entwicklung, und wir sprechen von Klassikern und geheiligten Traditionen!* Spricht doch bereits ein Cherubini, in seinem Lehrbuch des Kontrapunktes, von »den Alten«.

Wir haben Regeln formuliert, Prinzipien aufgestellt, Gesetze vorgeschrieben – – – wir wenden die Gesetze der Erwachsenen auf ein Kind an, das die Verantwortung noch nicht kennt!

So jung es ist, dieses Kind, eine strahlende Eigenschaft ist an ihm schon erkennbar, die es vor allen seinen älteren Gefährten auszeichnet. Und diese

---

* »Tradition« ist die nach dem Leben abgenommene Gipsmaske, die – durch den Lauf vieler Jahre und die Hände ungezählter Handwerker gegangen – schließlich ihre Ähnlichkeit mit dem Original nur mehr erraten läßt.

wundersame Eigenschaft wollen die Gesetzgeber nicht sehen, weil ihre Gesetze sonst über den Haufen geworfen würden. Das Kind – es schwebt! Es berührt nicht die Erde mit seinen Füßen. Es ist nicht der Schwere unterworfen. Es ist fast unkörperlich. Seine Materie ist durchsichtig. Es ist tönende Luft. Es ist fast die Natur selbst. Es ist frei.

Freiheit ist aber etwas, das die Menschen nie völlig begriffen noch gänzlich empfunden haben. Sie können sie nicht erkennen noch anerkennen.
Sie verleugnen die Bestimmung dieses Kindes und fesseln es. Das schwebende Wesen muß geziemend gehen, muß, wie jeder andere, den Regeln des Anstandes sich fügen; kaum, daß es hüpfen darf – indessen es seine Lust wäre, der Linie des Regenbogens zu folgen und mit den Wolken Sonnenstrahlen zu brechen.

Frei ist die Tonkunst geboren und frei zu werden ihre Bestimmung. Sie wird der vollständigste aller Naturwiderscheine werden durch die Ungebundenheit ihrer Unmaterialität. Selbst das dichterische Wort steht ihr an Unkörperlichkeit nach; sie kann sich zusammenballen und kann auseinanderfließen, die regloseste Ruhe und das lebhafteste Stürmen sein; sie hat die höchsten Höhen, die

Menschen wahrnehmbar sind – welche andere Kunst hat das? –, und ihre Empfindung trifft die menschliche Brust mit jener Intensität, die vom »Begriffe« unabhängig ist.

Sie gibt ein Temperament wieder, ohne es zu beschreiben, mit der Beweglichkeit der Seele, mit der Lebendigkeit der aufeinanderfolgenden Momente; dort, wo der Maler oder der Bildhauer nur eine Seite oder einen Augenblick, eine »Situation« darstellen kann und der Dichter ein Temperament und dessen Regungen mühsam durch angereihte Worte mitteilt.

Darum sind Darstellung und Beschreibung nicht das Wesen der Tonkunst; somit sprechen wir die Ablehnung der Programmusik aus und gelangen zu der Frage nach den Zielen der Tonkunst.

Absolute Musik! Was die Gesetzgeber darunter meinen, ist vielleicht das Entfernteste vom Absoluten in der Musik. »Absolute Musik« ist ein Formenspiel ohne dichterisches Programm, wobei die Form die wichtigste Rolle abgibt. Aber gerade die Form steht der absoluten Musik entgegengesetzt, die doch den göttlichen Vorzug erhielt zu schweben und von den Bedingungen der Materie frei zu sein. Auf dem Bilde endet die Darstellung eines Sonnenunterganges mit dem Rahmen; die unbegrenzte Naturerscheinung erhält eine vierekkige Abgrenzung; die einmal gewählte Zeichnung der Wolke steht für immer unveränderlich da. Die Musik kann sich erhellen, sich verdunkeln, sich verschieben und endlich verhauchen wie die Himmelserscheinung selbst, und der Instinkt bestimmt den schaffenden Musiker, diejenigen Töne zu verwenden, die in dem Innern des Menschen auf dieselbe Taste drücken und denselben Widerhall erwecken, wie die Vorgänge in der Natur.

Absolute Musik ist dagegen etwas ganz Nüchternes, welches an geordnet aufgestellte Notenpulte erinnert, an Verhältnis von Tonika und Dominante, an Durchführungen und Kodas.

Da höre ich den zweiten Geiger, wie er sich eine Quart tiefer abmüht, den gewandteren ersten nachzuahmen, höre einen unnötigen Kampf auskämpfen, um dahin zu gelangen, wo man schon am Anfang stand. Diese Musik sollte vielmehr die architektonische heißen, oder die symmetrische, oder die eingeteilte, und sie stammt daher, daß einzelne Tondichter ihren Geist und ihre Empfindung in eine solche Form gossen, weil es ihnen oder der Zeit am nächsten lag. Die Gesetzgeber haben Geist, Empfindung, die Individualität jener Tonsetzer und ihre Zeit mit der symmetrischen Musik identifiziert und schließlich – da sie weder den Geist, noch die Empfindung, noch die Zeit wiedergebären konnten – die Form als Symbol behalten und sie zum Schild, zur Glaubenslehre erhoben. Die Tondichter suchten und fanden diese Form als das geeignetste Mittel, ihre Gedanken mitzuteilen; sie entschwebten – und die Gesetzgeber entdecken und verwahren Euphorions auf der Erde zurückgebliebene Gewänder:

> »Noch immer glücklich aufgefunden!
> Die Flamme freilich ist verschwunden,
> Doch ist mir um die Welt nicht leid.
> Hier bleibt genug, Poeten einzuweihen,
> Zu stiften Gold- und Handwerksneid;
> Und kann ich die Talente nicht verleihen,
> Verborg ich wenigstens das Kleid.«

Ists nicht eigentümlich, daß man vom Komponisten in allem Originalität fordert und daß man sie ihm in der Form verbietet? Was Wunder, daß man ihn – wenn er wirklich originell wird – der Formlosigkeit anklagt. Mozart! den Sucher und den Finder, den großen Menschen mit dem kindlichen Herzen, ihn staunen wir an, an ihm hängen wir; nicht aber an seiner Tonika und Dominante, seinen Durchführungen und Kodas.

Solche Befreiungslust erfüllte einen Beethoven, den romantischen Revolutionsmenschen, daß er einen kleinen Schritt in der Zurückführung der Musik zu ihrer höheren Natur aufstieg; einen kleinen Schritt in der großen Aufgabe, einen großen

Schritt in seinem eigenen Weg. Die ganz absolute Musik hat er nicht erreicht, aber in einzelnen Augenblicken geahnt, wie in der Introduktion zur Fuge der Hammerklavier-Sonate. Überhaupt kamen die Tondichter in den vorbereitenden und vermittelnden Sätzen (Vorspielen und Übergängen) der wahren Natur der Musik am nächsten, wo sie glaubten, die symmetrischen Verhältnisse außer acht lassen zu dürfen und selbst unbewußt frei aufzuatmen schienen. Selbst einen so viel kleineren Schumann ergreift an solchen Stellen etwas von dem Unbegrenzten dieser Pan-Kunst – man denke an die Überleitung zum letzten Satze der D-Moll-Sinfonie –, und Gleiches kann man von Brahms und der Introduktion zum Finale seiner ersten Sinfonie behaupten.

Aber sobald sie die Schwelle des Hauptsatzes beschreiten, wird ihre Haltung steif und konventionell wie die eines Mannes, der in ein Amtszimmer tritt.

Neben Beethoven ist Bach der »Ur-Musik« am verwandtesten. Seine Orgelfantasien (und nicht die Fugen) haben unzweifelhaft einen starken Zug von Landschaftlichem (dem Architektonisch Entgegenstehenden), von Eingebungen, die man »Mensch und Natur« überschreiben möchte*; bei

---

* Seine Passions-Rezitative haben das »Menschlich-Redende«, *nicht* »Richtig-Deklamierte«.

ihm gestaltet es sich am unbefangensten, weil er noch über seine Vorgänger hinwegschritt – (wenn er sie auch bewunderte und sogar benutzte) – und weil ihm die noch junge Errungenschaft der temperierten Stimmung vorläufig unendlich neue Möglichkeiten erstehen ließ.

Darum sind Bach und Beethoven* als ein Anfang aufzufassen und nicht als unzuübertreffende Abgeschlossenheiten. Unübertrefflich werden wahrscheinlich ihr Geist und ihre Empfindung bleiben; und das bestätigt wiederum das zu Beginn dieser Zeilen Gesagte. Nämlich, daß die Empfindung und der Geist durch den Wechsel der Zeiten an Wert nichts einbüßen, und daß derjenige, der ihre höchsten Höhen ersteigt, jederzeit über die Menge ragen wird.

Was noch überstiegen werden soll, ist ihre Ausdrucksform und ihre Freiheit. Wagner, ein germanischer Riese, der im Orchesterklang den irdischen Horizont streifte, der die Ausdrucksform zwar

---

* Als die charakteristischen Merkmale von Beethovens Persönlichkeit möchte ich nennen: den dichterischen Schwung, die starke menschliche Empfindung (aus welcher seine revolutionäre Gesinnung entspringt) und eine Vorverkündung des modernen Nervosismus. Diese Merkmale sind gewiß jenen eines »Klassikers« entgegengesetzt. Zudem ist Beethoven kein »Meister« im Sinne Mozarts oder des späteren Wagner, eben weil seine Kunst die Andeutung einer größeren, noch nicht vollkommen gewordenen, ist. (Man vergleiche den nächstfolgenden Absatz.)

steigerte, aber in ein System brachte (Musikdrama, Deklamation, Leitmotiv), ist durch die selbstgeschaffenen Grenzen nicht weiter steigerungsfähig. Seine Kategorie beginnt und endet mit ihm selbst; vorerst weil er sie zur höchsten Vollendung, zu einer Abrundung brachte; sodann, weil die selbstgestellte Aufgabe derart war, daß sie von einem Menschen allein bewältigt werden konnte. »Er gibt uns zugleich mit dem Problem auch die Lösung«, wie ich einmal von Mozart sagte. Die Wege, die uns Beethoven eröffnet, können nur von Generationen zurückgelegt werden. Sie mögen – wie alles im Weltsystem – nur einen Kreis bilden; dieser ist aber von solchen Dimensionen, daß der Teil, den wir von ihm sehen, uns als gerade Linie erscheint. Wagners Kreis überblicken wir vollständig. – Ein Kreis im großen Kreise.

Der Name Wagner führt zur Programmusik zurück. Sie ist als ein Gegensatz zu der sogenannten »absoluten« Musik aufgestellt worden, und die Begriffe haben sich so verhärtet, daß selbst die Verständigen sich an den einen oder an den anderen Glauben halten, ohne eine dritte, außer und über den beiden liegende Möglichkeit anzunehmen. In Wirklichkeit ist die Programmusik ebenso einseitig und begrenzt wie das als absolute Musik verkündete, von Hanslick verherrlichte Klang-

Tapetenmuster. Anstatt architektonischer und symmetrischer Formeln, anstatt der Tonika- und Dominantverhältnisse hat sie das bindende dichterische, zuweilen gar philosophische Programm als wie eine Schiene sich angeschnürt.

Jedes Motiv – so will es mir scheinen – enthält wie ein Samen seinen Trieb in sich. Verschiedene Pflanzensamen treiben verschiedene Pflanzenarten, an Form, Blättern, Blüten, Früchten, Wuchs und Farben voneinander abweichend.*
Selbst eine und dieselbe Pflanzengattung wächst an Ausdehnung, Gestalt und Kraft, in jedem Exemplar selbständig geartet. So liegt in jedem Motiv schon seine vollgereifte Form vorbestimmt; jedes einzelne muß sich anders entfalten, doch jedes folgt darin der Notwendigkeit der ewigen Harmonie. Diese Form bleibt unzerstörbar, doch niemals sich gleich.

Das Klangmotiv des programmmusikalischen Werkes birgt die nämlichen Bedingungen in sich; es muß aber – schon bei seiner nächsten Entwicklungsphase – sich nicht nach dem eigenen Gesetz,

---

* ». . . Beethoven, dont les esquisses thématiques ou élémentaires sont innombrales, mais qui, sitôt les thèmes trouvés, semble par cela même en avoir établi tout le développement.« (Vincent d'Indy in »César Franck«.)

sondern nach dem des »Programmes« formen, vielmehr »krümmen«. Dergestalt, gleich in der ersten Bildung aus dem naturgesetzlichen Wege gebracht, gelangt es schließlich zu einem ganz unerwarteten Gipfel, wohin nicht seine Organisation, sondern das Programm, die Handlung, die philosophische Idee vorsätzlich es geführt.

Fürwahr, eine begrenzte, primitive Kunst! Gewiß gibt es nicht mißzudeutende, tonmalende Ausdrücke – (sie haben die Veranlassung zu dem ganzen Prinzip gegeben) –, aber es sind wenige und kleine Mittel, die einen ganz geringen Teil der Tonkunst ausmachen. Das wahrnehmbarste von ihnen, die Erniedrigung des Klanges zu Schall, bei Nachahmung von Naturgeräuschen: das Rollen des Donners, das Rauschen der Bäume und die Tierlaute; und schon weniger wahrnehmbar, symbolisch, die dem Gesichtssinn entnommenen Nachbildungen, wie Blitzesleuchten, Sprungbewegungen, Vogelflug; nur durch Übertragung des reflektierenden Gehirns verständlich: das Trompetensignal als kriegerisches Symbol, die Schalmei als ländliches Schild, der Marschrhythmus in der Bedeutung des Schreitens, der Choral als Träger der religiösen Empfindung. Zählen wir noch das Nationalcharakteristische – Nationalinstrumente, Nationalweisen – zum vorigen, so haben wir die Rüstkammer der Programmmusik erschöpfend besichtigt. Bewegung und Ruhe, Moll und Dur, Hoch und Tief* in ihrer herkömmlichen Bedeutung ergänzen das Inventar. Das sind gut verwendbare Nebenhilfsmittel in einem großen Rahmen, aber allein genommen ebensowenig Musik, als Wachsfiguren Monumente zu nennen sind.

Und was kann schließlich die Darstellung eines kleinen Vorganges auf Erden, der Bericht über einen ärgerlichen Nachbar – gleichviel ob in der angrenzenden Stube oder im angrenzenden Weltteile – mit jener Musik, die durch das Weltall zieht, gemeinsam haben?

Wohl ist es der Musik gegeben, die menschlichen Gemützustände schwingen zu lassen: Angst (Leporello), Beklemmung, Erstarkung, Ermattung (Beethovens letzte Quartette), Entschluß (Wotan), Zögern, Niedergeschlagenheit, Ermunterung, Härte, Weichheit, Aufregung, Beruhigung, das Überraschende, das Erwartungsvolle, und mehr; ebenso den inneren Widerklang äußerer Ereignisse, der in jenen Gemütsstimmungen enthalten ist. Nicht aber den Beweggrund jener Seelenregungen selbst: nicht die Freude über eine beseitigte Gefahr, nicht die Gefahr oder die Art der

* Vergleiche später die Sätze über die »Tiefe«.

Gefahr, welche die Angst hervorruft; wohl einen Leidenschaftszustand, aber wiederum nicht die psychische Gattung dieser Leidenschaft, ob Neid oder Eifersucht; ebenso vergeblich ist es, moralische Eigenschaften, Eitelkeit, Klugheit, in Töne umzusetzen oder gar abstrakte Begriffe, wie Wahrheit und Gerechtigkeit, durch sie aussprechen zu wollen. Könnte man denken, wie ein armer, doch zufriedener Mensch in Musik wiederzugeben wäre? Die Zufriedenheit, der seelische Teil, kann zu Musik werden; wo bleibt aber die Armut, das ethische Problem, das hier wichtig war: zwar arm, jedoch zufrieden. Das kommt daher, daß »arm« eine Form irdischer und gesellschaftlicher Zustände ist, die in der ewigen Harmonie nicht zu finden ist. Musik ist aber ein Teil des schwingenden Weltalls.

Der größte Teil neuerer Theatermusik leidet an dem Fehler, daß sie die Vorgänge, die sich auf der Bühne abspielen, wiederholen will, anstatt ihrer eigentlichen Aufgabe nachzugehen, den Seelenzustand der handelnden Personen während jener Vorgänge zu tragen. Wenn die Bühne die Illusion eines Gewitters vortäuscht, so ist dieses Ereignis durch das Auge erschöpfend wahrgenommen. Fast alle Komponisten bemühen sich jedoch, das Gewitter in Tönen zu beschreiben, welches nicht nur eine unnötige und schwächere Wiederholung, sondern zugleich ein Versäumnis ihrer Aufgabe ist. Die Person auf der Bühne wird entweder von dem Gewitter seelisch beeinflußt, oder ihr Gemüt verweilt infolge von Gedanken, die es stärker in Anspruch nehmen, unbeirrt. Das Gewitter ist sichtbar und hörbar ohne Hilfe der Musik; was aber in der Seele des Menschen währenddessen vorgeht, das Unsichtbare und Unhörbare, das soll die Musik verständlich machen.

Wiederum gibt es »sichtbare« Seelenzustände auf der Bühne, um die sich die Musik nicht zu kümmern braucht. Nehmen wir die theatralische Situation*, daß eine lustige nächtliche Gesellschaft sich singend entfernt und dem Auge entschwindet, indessen im Vordergrund ein schweigsamer, erbitterter Zweikampf ausgefochten wird. Hier wird die Musik die dem Auge nicht mehr erreichbare lustige Gesellschaft durch den fortzusetzenden Gesang gegenwärtig halten müssen: was die beiden vorderen treiben und dabei empfinden, ist ohne jede weitere Erläuterung erkennbar, und die Musik darf, dramatisch gesprochen, nicht sich daran beteiligen, das tragische Schweigen nicht brechen. Für bedingt gerechtfertigt halte ich den Modus der alten Oper, welche die durch eine dramatisch-

---

* Aus Offenbachs »Les contes d' Hoffmann«.

bewegte Szene gewonnene Stimmung in einem ge-
schlossenen Stücke zusammenfaßte und ausklingen
ließ (Arie). – Wort und Gesten vermittelten den
dramatischen Gang der Handlung, von der Musik
mehr oder wenig dürftig rezitativisch gefolgt; an
dem Ruhepunkt angelangt, nahm die Musik den
Hauptsitz wieder ein. Das ist weniger äußerlich,
als man es jetzt glauben machen will. Wieder war
es aber die versteifte Form der »Arie« selbst, die
zu der Unwahrheit des Ausdrucks und zum Ver-
fall führte.

Immer wird das gesungene Wort auf der Bühne
eine Konvention bleiben und ein Hindernis für
alle wahrhaftige Wirkung: aus diesem Konflikt
mit Anstand hervorzugehen, wird eine Handlung,
in welcher die Personen singend agieren, von Anfang an auf das Unglaubhafte, Unwahre, Un-
wahrscheinliche gestellt sein müssen, auf daß eine
Unmöglichkeit die andere stütze und so beide
möglich und annehmbar werden.

Schon deshalb, und weil er von vornherein dieses
wichtigste Prinzip ignoriert, sehe ich den sogenannten italienischen Verismus für die musikalische Bühne als unhaltbar an.

Bei der Frage über die Zukunft der Oper ist es
nötig, über diese andere Klarheit zu gewinnen:

»An welchen Momenten ist die Musik auf der Bühne unerläßlich?« Die präzise Antwort gibt diese Auskunft: »Bei Tänzen, bei Märschen, bei Liedern und – beim Eintreten des Übernatürlichen in die Handlung.«

Es ergibt sich demnach eine kommende Möglichkeit in der Idee des übernatürlichen Stoffes. Und noch eine: in der des absoluten »Spieles«, des unterhaltenden Verkleidungstreibens, der Bühne als offenkundige und angesagte Verstellung, in der Idee des Scherzes und der Unwirklichkeit als Gegensätze zum Ernste und zur Wahrhaftigkeit des Lebens. Dann ist es am rechten Platze, daß die Personen singend ihre Liebe beteuern und ihren Haß ausladen, und daß sie melodisch im Duell fallen, daß sie bei pathetischen Explosionen auf hohen Tönen Fermaten aushalten; es ist dann am rechten Platze, daß sie sich absichtlich anders gebärden als im Leben, anstatt daß sie (wie in unseren Theatern und in der Oper zumal) unabsichtlich alles verkehrt machen.

Es sollte die Oper des Übernatürlichen oder des Unnatürlichen, als der allein ihr natürlich zufallenden Region der Erscheinungen und der Empfindungen, sich bemächtigen und dergestalt eine Scheinwelt schaffen, die das Leben entweder in einen Zauberspiegel oder einen Lachspiegel reflektiert; die bewußt das geben will, was in dem wirklichen Leben nicht zu finden ist. Der Zauberspiegel für die ernste Oper, der Lachspiegel für die heitere. Und lasset Tanz und Maskenspiel und Spuk mit eingeflochten sein, auf daß der Zuschauer der anmutigen Lüge auf jedem Schritt gewahr bleibe und nicht sich ihr hingebe wie einem Erlebnis.

So wie der Künstler, wo er rühren soll, nicht selber gerührt werden darf – soll er nicht die Herrschaft über seine Mittel im gegebenen Augenblicke einbüßen –, so darf auch der Zuschauer, will er die theatralische Wirkung kosten, diese niemals für Wirklichkeit ansehen, soll nicht der künstlerische Genuß zur menschlichen Teilnahme herabsinken. Der Darsteller »spiele« – er erlebe nicht. Der Zuschauer bleibe ungläubig und dadurch ungehindert im geistigen Empfangen und Feinschmecken.

Auf solche Voraussetzungen gestützt, ließe sich eine Zukunft für die Oper sehr wohl erwarten. Aber das erste und stärkste Hindernis, fürchte ich, wird uns das Publikum selbst bereiten.
Es ist, wie mich dünkt, angesichts des Theaters durchaus kriminell veranlagt, und man kann vermuten, daß die meisten von der Bühne ein starkes menschliches Erlebnis wohl deshalb fordern, weil ein solches ihren Durchschnittsexistenzen

fehlt; und wohl auch deswegen, weil ihnen der Mut zu solchen Konflikten abgeht, nach welchen ihre Sehnsucht verlangt. Und die Bühne spendet ihnen diese Konflikte, ohne die begleitenden Gefahren und die schlimmen Folgen, unkompromittierend, und vor allem: unanstrengend. Denn das weiß das Publikum nicht und mag es nicht wissen, daß, um ein Kunstwerk zu empfangen, die halbe Arbeit an demselben vom Empfänger selbst verrichtet werden muß.

Der Vortrag in der Musik stammt aus jenen freien Höhen, aus welchen die Tonkunst selbst herabstieg. Wo ihr droht, irdisch zu werden, hat er sie zu heben und ihr zu ihrem ursprünglichen »schwebenden« Zustand zu verhelfen.

Die Notation, die Aufschreibung, von Musikstükken ist zuerst ein ingeniöser Behelf, eine Improvisation festzuhalten, um sie wiedererstehen zu lassen. Jene verhält sich aber zu dieser wie das Porträt zum lebendigen Modell. Der Vortragende hat die Starrheit der Zeichen wieder aufzulösen und in Bewegung zu bringen. –

Die Gesetzgeber aber verlangen, daß der Vortragende die Starrheit der Zeichen wiedergebe, und erachten die Wiedergabe für um so vollkommener, je mehr sie sich an die Zeichen hält.

Was der Tonsetzer notgedrungen von seiner Inspiration durch die Zeichen einbüßt*, das soll der Vortragende durch seine eigene wiederherstellen.

Den Gesetzgebern sind die Zeichen selbst das Wichtigste, sie werden es ihnen mehr und mehr; die neue Tonkunst wird aus den alten Zeichen abgeleitet, – sie bedeuten nun die Tonkunst selbst.

Läge es nun in der Macht der Gesetzgeber, so müßte ein und dasselbe Tonstück stets in ein und demselben Zeitmaß erklingen, sooft, von wem und unter welchen Bedingungen es auch gespielt würde.

---

* Wie sehr die Notation den Stil in der Musik beeinflußt, die Phantasie fesselt, wie aus ihr die »Form« sich bildete und aus der Form der »Konventionalismus« des Ausdrucks entstand, das zeigt sich recht eindringlich, das rächt sich in tragischer Weise an E. T. A. Hoffmann, der mir hier als ein typisches Beispiel einfällt. Dieses merkwürdigen Mannes Gehirnvorstellungen, die sich in das Traumhafte verloren und im Transzendentalen schwelgten, wie seine Schriften in oft unnachahmlicher Weise dartun, hätten – so würde man folgern – in der an sich traumhaften und transzendentalen Kunst der Töne erst recht die geeignete Sprache und Wirkung finden müssen. Die Schleier der Mystik, das innere Klingen der Natur, die Schauer des Übernatürlichen, die dämmerigen Unbestimmtheiten der schlafwachenden Bilder – alles, was er mit dem präzisen Wort schon so eindrucksvoll schilderte, das hätte er – man sollte denken – durch die Musik erst völlig lebendig erstehen lassen. Man vergleiche dagegen Hoffmanns bestes musikalisches Werk mit der schwächsten seiner literarischen Produktionen, und man wird mit Trauer wahrnehmen, wie ein übernommenes System von Taktarten, Perioden und Tonarten – zu dem noch der landläufige Opernstil der Zeit das Seinige tut – aus dem Dichter einen Philister · machen konnte. – Wie aber ein anderes Ideal der Musik ihm vorschwebte, entnehmen wir aus vielen und oft ausgezeichneten Bemerkungen des Schriftstellers selbst. Von ihnen schließt die folgende der Denkungsart dieses Büchleins am engsten sich an:

Es ist aber nicht möglich, die schwebende expansive Natur des göttlichen Kindes widersetzt sich; sie fordert das Gegenteil. Jeder Tag beginnt anders als der vorige und doch immer mit einer Morgenröte. – Große Künstler spielen ihre eigenen Werke immer wieder verschieden, gestalten sie im Augenblicke um, beschleunigen und halten zurück – wie sie es nicht in Zeichen umsetzen konnten – und immer nach den gegebenen Verhältnissen jener »ewigen Harmonie«.

Da wird der Gesetzgeber unwillig und verweist den Schöpfer auf dessen eigene Zeichen. So, wie es heute steht, behält der Gesetzgeber recht.

»Notation« (»Skription«) bringt mich auf Transkription: gegenwärtig ein recht mißverstandener,

---

»Nun! immer weiter fort und fort treibt der waltende Weltgeist; nie kehren die verschwundenen Gestalten, so wie sie sich in der Lust des Lebens bewegten, wieder: aber ewig, unvergänglich ist das Wahrhaftige, und eine wunderbare Geistergemeinschaft schmiegt ihr geheimnisvolles Band um Vergangenheit, Gegenwart und Zukunft. Noch leben geistig die alten hohen Meister; nicht verklungen sind ihre Gesänge: nur nicht vernommen wurden sie im brausenden, tosenden Geräusch des ausgelassenen wilden Treibens, das über uns einbrach. Mag die Zeit der Erfüllung unseres Hoffens nicht mehr fern sein, mag ein frommes Leben in Friede und Freudigkeit beginnen und die Musik frei und kräftig ihre Seraphschwingen regen, um aufs neue den Flug zu dem Jenseits zu beginnen, das ihre Heimat ist und von welchem Trost und Heil in die unruhevolle Brust des Menschen hinabstrahlt.« *(E. T. A. Hoffmann, »Die Serapionsbrüder«.)*

fast schimpflicher Begriff. Die häufige Opposition, die ich mit »Transkriptionen« erregte, und die Opposition, die oft unvernünftige Kritik in mir hervorrief, veranlaßten mich zum Versuch, über diesen Punkt Klarheit zu gewinnen. Was ich endgültig darüber denke, ist: Jede Notation ist schon Transkription eines abstrakten Einfalls. Mit dem Augenblick, da die Feder sich seiner bemächtigt, verliert der Gedanke seine Originalgestalt. Die Absicht, den Einfall aufzuschreiben, bedingt schon die Wahl von Taktart und Tonart. Form- und Klangmittel, für welche der Komponist sich entscheiden muß, bestimmen mehr und mehr den Weg und die Grenzen.

Es ist ähnlich wie mit dem Menschen. Nackt und mit noch unbestimmbaren Neigungen geboren, entschließt er sich oder wird er in einem gegebenen Augenblick zum Entschluß getrieben, eine Laufbahn zu wählen. Mag auch vom Einfall oder vom Menschen manches Originale, das unverwüstlich ist, weiterbestehen: sie sind doch von dem Augenblick des Entschlusses an zum Typus einer Klasse herabgedrückt. Der Einfall wird zu einer Sonate oder einem Konzert, der Mensch zum Soldaten oder Priester. Das ist ein Arrangement des Originals. Von dieser ersten zu einer zweiten Transkription ist der Schritt verhältnismäßig kurz und unwichtig. Doch wird im allgemeinen nur von der zweiten Aufhebens gemacht. Dabei übersieht man, daß eine Transkription die Originalfassung nicht zerstört, also ein Verlust dieser durch jene nicht entsteht. –

Auch der Vortrag eines Werkes ist eine Transkription, und auch dieser kann – er mag noch so frei sich gebärden – niemals das Original aus der Welt schaffen.

– Denn das musikalische Kunstwerk steht, vor seinem Ertönen und nachdem es vorübergeklungen, ganz und unversehrt da. Es ist zugleich in und außer der Zeit, und sein Wesen ist es, daß uns eine greifbare Vorstellung des sonst ungreifbaren Begriffes von der Idealität der Zeit geben kann.

Im übrigen muten die meisten Klavierkompositionen Beethovens wie Transkriptionen vom Orchester an, die meisten Schumannschen Orchesterwerke wie Übertragungen vom Klavier – und sinds in gewisser Weise auch.

Merkwürdigerweise steht bei den »Buchstabentreuen« die Variationenform in großem Ansehen. Das ist seltsam, weil die Variationenform – wenn sie über ein fremdes Thema aufgebaut ist – eine ganze Reihe von Bearbeitungen gibt, und zwar um so respektloser, je geistreicherer Art sie sind.

So gilt die Bearbeitung nicht, weil sie an dem Ori-

ginal ändert; und es gilt die Veränderung, obwohl
sie das Original bearbeitet.*

»Musikalisch« ist ein Begriff, der den Deutschen
angehört, und die Anwendung des Wortes selbst
findet sich in dieser Sinnübertragung in keiner anderen Sprache. Es ist ein Begriff, der den Deutschen angehört und nicht der allgemeinen Kultur,
und seine Bezeichnung ist falsch und unübersetz-
bar. »Musikalisch« ist von Musik hergeleitet, wie

* Eine Einleitung des Verfassers zu einem Berliner Konzerte vom
November 1910 enthielt u. a. die folgenden Sätze: »Um das Wesen
der ›Bearbeitung‹ mit einem entscheidenden Schlage in der Schätzung des Lesers zu künstlerischer Würde zu erhöhen, bedarf es nur
der Nennung Johann Sebastian Bachs. Er war einer der fruchtbar-
sten Bearbeiter eigener und fremder Stücke, namentlich als Orga-
nist. Von ihm lernte ich die Wahrheit erkennen, daß eine gute,
große, eine universelle Musik dieselbe Musik bleibt, durch welche
Mittel sie auch ertönen mag. Aber auch die andere Wahrheit: daß
verschiedene Mittel eine verschiedene – ihnen eigene – Sprache haben,
in der sie den nämlichen Gehalt in immer neuer Deutung verkün-
den.« – »Es kann der Mensch nicht schaffen, nur verarbeiten, was
er auf seiner Erde vorfindet.« Man bedenke überdies, daß jede
Vorstellung einer Oper auf dem Theater, durch Absicht teils und
teils durch die Zufälle, die so zahlreich mitwirkende Elemente hin-
eintragen, zu einer Bearbeitung wird und werden muß. Noch nie
erlebte ich von der Bühne aus einen Mozartschen »Don Giovanni«,
der dem anderen geglichen hätte. Der Regisseur scheint hier – wie
auch bei der »Zauberflöte« – seinen Ehrgeiz darin zu finden, die
Szenen (und innerhalb der Szenen die Vorgänge) immer wieder zu
variieren und umzustellen. Auch hörte ich (leider) niemals, daß die
Kritik gegen die Übersetzung des Don Giovanni ins Deutsche sich
gewehrt hätte; wenngleich eine Übersetzung überhaupt (bei diesem
Meisterwerk des Zusammengusses von Text und Musik nun besonders) als eine der bedenklichsten Bearbeitungen sich herausstellt.

»poetisch« von Poesie und »physikalisch« von Physik. Wenn ich sage: Schubert war einer der musikalischsten Menschen, so ist das dasselbe, als ob ich sagte: Helmholtz war einer der physikalischsten. Musikalisch ist: was in Rhythmen und Intervallen tönt. Ein Schrank kann »musikalisch« sein, wenn er ein »Spielwerk« enthält*. Im vergleichenden Sinne kann »musikalisch« allenfalls noch wohllautend bedeuten.

»Meine Verse sind zu musikalisch, als daß sie noch in Musik gesetzt werden könnten«, sagte mir einmal ein bekannter Dichter.

>   »Spirits moving musically
>   To a lutes well-tuned law«
>   (»Geister schwebten musikalisch
>   zu der Laute wohlgestimmtem Satz«)

schreibt E. A. Poe; endlich spricht man ganz richtig von einem »musikalischen Lachen«, weil es wie Musik klingt.

In der angewandten und fast ausschließlich gebrauchten deutschen Bedeutung ist ein musikalischer Mensch ein solcher, der dadurch Sinn für Musik bekundet, daß er das Technische dieser Kunst wohl unterscheidet und empfindet. Unter

---

* Die einzige Art Menschen, die man musikalisch nennen sollte, wären die Sänger, weil sie selbst erklingen können. In derselben Weise könnte ein Clown, der durch einen Trick Töne von sich gibt, sobald man ihn berührt, ein nachgemachter musikalischer Mensch heißen.

Technischem verstehe ich hier wieder den Rhythmus, die Harmonie, die Intonation, die Stimmführung und die Thematik. Je mehr Feinheiten er darin zu hören oder wiederzugeben versteht, für um so musikalischer wird er gehalten.

Bei dem großen Gewicht, das man auf diese Bestandteile der Tonkunst legt, ist selbstverständlich das »Musikalische« von höchster Bedeutung geworden. – Demnach müßte ein Künstler, der technisch vollkommen spielt, für den meist musikalischen Spieler gelten; weil man aber mit »Technik« nur die mechanische Beherrschung des Instrumentes meint, so hat man »technisch« und »musikalisch« zu Gegensätzen gemacht.

Man ist so weit gegangen, ein Musikstück selbst als »musikalisch« zu bezeichnen*, oder gar von einem großen Komponisten wie Berlioz zu behaupten, er wäre es nicht in genügendem Maße. »Unmusikalisch« ist der stärkste Tadel; er kennzeichnet den damit Betroffenen und macht ihn zum Geächteten.

In einem Lande wie Italien, wo der Sinn für musikalische Freuden allgemein ist, wird diese Unterscheidung überflüssig, und das Wort dafür ist in der Sprache nicht vorhanden. In Frankreich, wo

---

* »Diese Kompositionen sind aber so musikalisch«, sagte mir einmal ein Geiger von einem vierhändigen Werkchen, das ich zu unbedeutend fand.

die Empfindung für Musik nicht im Volke lebt, gibt es Musiker und Nichtmusiker. Von den übrigen einige »aiment beaucoup la musique«, oder »ils ne l'aiment pas«. Nur in Deutschland macht man eine Ehrensache daraus, »musikalisch« zu sein, das heißt, nicht nur Liebe zur Musik zu empfinden, sondern hauptsächlich sie in ihren technischen Ausdrucksmitteln zu verstehen und deren Gesetze einzuhalten.

Tausend Hände halten das schwebende Kind und bewachen wohlmeinend seine Schritte, daß es nicht auffliege und so vor einem ernstlichen Fall bewahrt bleibe. Aber es ist noch so jung und ist ewig; die Zeit seiner Freiheit wird kommen. Wenn es aufhören wird, »musikalisch« zu sein.

Gefühl ist eine moralische Ehrensache – wie die Ehrlichkeit es ist –, eine Eigenschaft, die niemand sich absprechen läßt – die im Leben gilt wie in der Kunst. Aber wenn im Leben Gefühllosigkeit zugunsten einer brillanteren Charaktereigenschaft – wie beispielsweise Tapferkeit, Unbestechlichkeit – noch verziehen wird, in der Kunst ist sie als oberste moralische Qualität gestellt.

Gefühl (in der Tonkunst) fordert aber zwei Gefährten: Geschmack und Stil. Nun trifft man im Leben ebenso selten auf Geschmack wie auf tiefes und wahres Gefühl, und was den Stil anbelangt, so ist er künstlerisches Gebiet. Was übrigbleibt, ist eine Vorstellung von Gefühl, das mit Rührseligkeit und Geschwollenheit bezeichnet werden muß. Und vor allem verlangt man seine deutliche Sichtbarkeit! Es muß unterstrichen werden, auf daß jeder merke, sehe und höre. Es wird vor den Augen des Publikums in starker Vergrößerung auf die Leinwand projektiert, so daß es aufdringlich und verschwommen vor den Augen tanzt; es wird ausgeschrien, daß es denen, die der Kunst fernstehen, in die Ohren dringe; übergoldet, auf daß es den Unbemittelten Staunen entreiße.

Denn auch im Leben übt man mehr die Äußerungen des Gefühls, in Mienen und Worten; seltener und echter ist jenes Gefühl, welches handelt, ohne zu reden, und am wertvollsten ein Gefühl, das sich verbirgt.

Unter Gefühl versteht man gemeinhin: Zartheit, Schmerzlichkeit und Überschwenglichkeit des Ausdrucks.

Was schließt nicht noch alles in sich die Wunderblume der Empfindung! Zurückhaltung und Schonung, Aufopferung, Stärke, Tätigkeit, Geduld, Großmut, Freudigkeit und jene allwaltende Intelligenz, von welcher das Gefühl recht eigentlich stammt.

Nicht anders in der Kunst, die das Leben widerspiegelt, noch ausgesprochener in der Musik, welche die Empfindungen des Lebens wiederholt: wozu jedoch – wie ich betonte – der Geschmack hinzutreten muß und der Stil; der Stil, der Kunst vom Leben unterscheidet.

Worum der Laie, der mediokere Künstler sich mühen, ist nur das Gefühl im kleinen, im Detail, auf kurze Strecken.

Gefühl im großen verwechseln Laien, Halbkünstler, Publikum (und leider auch die Kritik!) mit Mangel an Empfindung, weil sie alle nicht vermögen, größere Strecken als Teile eines noch größeren Ganzen zu hören. Also ist Gefühl auch Ökonomie.

Demnach unterscheide ich: Gefühl als Geschmack – als Stil – als Ökonomie. Jedes ein Ganzes und jedes ein Drittel des Ganzen. In ihnen und über ihnen waltet eine subjektive Dreieinigkeit: das Temperament, die Intelligenz und der Instinkt des Gleichgewichtes.

Diese sechs führen einen Reigen von so subtiler Anordnung der Paarung und der Verschlingung, des Tragens und des Getragenwerdens, des Vortretens und Niederbückens, des Bewegens und des Stillstehens, wie kein kunstvollerer erdenkbar ist.

Ist der Akkord der beiden Dreiklänge rein gestimmt, dann darf, soll zum Gefühl sich gesellen die Phantasie: Auf jene sechs gestützt, wird sie nicht ausarten, und aus dem Vereine aller Elemente ersteht die Persönlichkeit. Diese empfängt wie eine Linse die Lichteindrücke, wirft sie auf ihre Weise als Negativ zurück, und dem Hörer erscheint das richtige Bild.

Insoweit der Geschmack an dem Gefühle teilhat, ändert dieses – wie alles – mit den Zeiten seine Ausdrucksformen. Das heißt: eine oder die andere Seite des Gefühls wird zu der einen oder der anderen Zeit bevorzugt, einseitig gepflegt, besonders herausgekehrt.

So war mit und nach Wagner eine schwelgerische Sinnlichkeit an die Reihe gekommen: die Form der »Steigerung« im Affekt haben die Komponisten noch heute nicht überwunden. Jedem ruhigen Beginnen folgte ein rasches Aufwärtstreiben. Der darin unersättliche, aber nicht unerschöpfliche Wagner verfiel notgedrungen auf den Ausweg, nach einem erreichten Höhepunkte wieder leise anzusetzen, um sofort von neuem anzuwachsen.

Die neueren Franzosen zeigen eine Umkehr: ihr Gefühl ist eine reflexive Keuschheit, vielleicht mehr noch eine zurückgehaltene Sinnlichkeit: den bergigen aufsteigenden Pfaden Wagners sind monotone Ebenen von dämmernder Gleichmäßigkeit gefolgt.

So bildet sich im Gefühl der »Stil«, wenn der Geschmack es leitet.

Die »Apostel der Neunten Symphonie« ersannen in der Musik den Begriff der Tiefe. Er steht noch in vollem Werte, zumal im germanischen Land. – Es gibt eine Tiefe des Gefühls und eine Tiefe des Gedankens: – die letztere ist literarisch und kann keine Anwendung auf Klänge haben.
Die Tiefe des Gefühls ist hingegen seelisch und der Natur der Musik durchaus zugehörig.
Die Apostel der Neunten Symphonie haben von der Tiefe in der Musik eine besondere und nicht ganz festumrissene Schätzung.
Die Tiefe wird zur Breite, und man trachtet, sie durch Schwere zu erreichen: sie zeigt sich sodann – durch Gedankenassoziation – in der Bevorzugung der »tiefen« Register und (wie ich beobachten konnte) auch in einem Hineindeuten eines zweiten, verborgenen Sinnes, meist eines literarischen.
Wenn auch nicht die einzigen Merkmale, so sind doch diese die bedeutsameren.
Unter Tiefe des Gefühls dürfte jedoch jeder Freund der Philosophie das Erschöpfende im Gefühle betrachten: das volle Aufgehen in einer Stimmung.
Wer mitten in einer echten, großen karnevalischen Situation griesgrämig oder auch nur indifferent

herumschleicht, wer nicht von der gewaltigen Selbstsatire des Masken- und Fratzentums, der Macht der Unbändigkeit über die Gesetze, dem freigelassenen Rachegefühl des Witzes mitgerissen und mitergriffen wird, der zeigt sich unfähig, sein Gefühl in die Tiefe zu senken.

Hier bestätigt es sich wieder, daß die Tiefe des Gefühls in dem vollständigen Erfassen einer jeden – selbst der leichtfertigsten – Stimmung ihre Wurzeln hat, – im Wiedergeben ihre Blüten treibt: wohingegen die gangbare Vorstellung vom tiefen Gefühle nur eine Seite des Gefühls im Menschen herausgreift und diese spezialisiert.

In dem sogenannten »Champagnerlied« aus Don Giovanni liegt mehr »Tiefe« als in manchem Trauermarsche oder Notturno: Tiefe des Gefühls äußert sich auch darin, daß man es nicht an Nebensächlichem und Unbedeutendem vergeude.

Der Schaffende sollte kein überliefertes Gesetz auf Treu und Glauben hinnehmen und sein eigenes Schaffen jenem gegenüber von vornherein als Ausnahme betrachten. Er müßte für seinen eigenen Fall ein entsprechendes eigenes Gesetz suchen, formen und es nach der ersten vollkommenen Anwendung wieder zerstören, um nicht selbst bei einem nächsten Werke in Wiederholungen zu verfallen.

Die Aufgabe des Schaffenden besteht darin, Gesetze aufzustellen, und nicht, Gesetzen zu folgen. Wer gegebenen Gesetzen folgt, hört auf, ein Schaffender zu sein.*

Die Schaffenskraft ist um so erkennbarer, je unabhängiger sie von Überlieferungen sich zu machen vermag. Aber die Absichtlichkeit im Umgehen der Gesetze kann nicht Schaffenskraft vortäuschen, noch weniger erzeugen.

Der echte Schaffende erstrebt im Grunde nur die Vollendung. Und indem er diese mit seiner Individualität in Einklang bringt, entsteht absichtslos ein neues Gesetz.

Routine wird sehr geschätzt und oft verlangt; im Musik-»amte« wird sie beansprucht. Daß Routine in der Musik überhaupt existieren und daß sie überdies zu einer vom Musiker geforderten Bedingung gemacht werden kann, beweist aber wiederum die engen Grenzen unserer Tonkunst. Routine bedeutet: Erlangung und Anwendung weniger Erfahrungen und Kunstgriffe auf alle vorkommenden Fälle. Demnach muß es eine erstaunliche Anzahl verwandter Fälle geben. Nun erträume ich mir gern eine Art Kunstausübung,

---

* Der einem nachgeht, überholt ihn nicht, soll Michelangelo gesagt haben. Und über die nützliche Anwendung der »Kopien« äußert sich noch viel drastischer ein italienischer Spruch.

bei welcher jeder Fall ein neuer, eine Ausnahme wäre! Wie stünde das Heer der Praktiker hilf- und tatenlos davor: es müßte schließlich den Rückzug antreten und verschwinden. Die Routine wandelt den Tempel der Kunst um in eine Fabrik. Sie zerstört das Schaffen. Denn Schaffen heißt: aus Nichts erzeugen. Die Routine aber gedeiht im Nachbilden. Sie ist die »Poesie, die sich kommandieren läßt«. Weil sie der Allgemeinheit entspricht, herrscht sie. Im Theater, im Orchester, im Virtuosen, im Unterricht. Man möchte rufen: meidet die Routine, beginnt jedesmal, als ob ihr nie begonnen hättet, wisset nichts, sondern denkt und fühlet!

Denn seht, die Millionen Weisen, die einst ertönen werden, sie sind seit Anfang vorhanden, bereit, schweben im Äther und mit ihnen andere Millionen, die niemals gehört werden. Ihr braucht nur zu greifen, und ihr haltet eine Blüte, einen Hauch des Meeresatems, einen Sonnenstrahl in der Hand; meidet die Routine, denn sie greift nur nach dem, das eure Stube erfüllt, und immer wieder nach dem nämlichen: so bequem werdet ihr, daß ihr euch kaum mehr vom Lehnstuhl erhebt und nur mehr nach dem Allernächsten greift. Und Millionen Weisen sind seit Anfang vorhanden und warten darauf, sich zu offenbaren!

»Das ist mein Unglück, daß ich keine Routine habe«, schreibt einmal Wagner an Liszt, als es mit der Komposition des »Tristan« nicht vorwärts wollte.

Damit täuschte sich Wagner und maskierte sich vor anderen. Er hatte zuviel Routine, und seine Kompositionsmaschinerie blieb stecken, sobald der Knoten in ihr entstand, der nur mit Inspiration zu lösen war. Zwar löste Wagner ihn schließlich, wenn es ihm gelang, die Routine beiseite zu lassen; hätte er aber wirklich keine besessen, so hätte er es ohne Bitterkeit behauptet.

Immerhin drückt sich in dem Wagnerschen Briefsatz die richtige künstlerische Verachtung für die Routine aus, insofern als er diese ihn niedrig dünkende Eigenschaft sich selbst abspricht und vorbeugt, daß andere sie ihm zuerkennen. Er lobt sich selbst damit und gebärdet sich ironisch-verzweifelt. Er ist tatsächlich unglücklich, daß die Komposition stockt, tröstet sich aber reichlich mit dem Bewußtsein, daß sein Genie über der billigen Handhabung der Routine steht; zugleich kehrt er den Bescheidenen hervor, indem er schmerzlich eingesteht, eine allgemein geschätzte und dem Handwerk zugehörige Könnerschaft nicht sich angeeignet zu haben.

Der Satz ist ein Meisterstück der instinktiven Schlauheit des Erhaltungstriebes – beweist uns aber (und das ist unser Ziel) die Geringheit der Routine im Schaffen.

So eng geworden ist unser Tonkreis, so stereotyp seine Ausdrucksform, daß es zurzeit nicht ein bekanntes Motiv gibt, auf das nicht ein anderes bekanntes Motiv paßte, so daß es zu gleicher Zeit mit dem ersten gespielt werden könnte. Um nicht mich hier in Spielereien zu verlieren*, enthalte ich mich jedes Beispiels.

Plötzlich, eines Tages, schien es mir klar geworden: daß die Entfaltung der Tonkunst an unseren Musikinstrumenten scheitert. Die Entfaltung des Komponisten an dem Studium der Partituren. Wenn »Schaffen«, wie ich es definierte, ein »Formen aus dem Nichts« bedeuten soll (und es kann nichts anderes bedeuten); – wenn Musik – (dieses habe ich ebenfalls ausgesprochen) – zur »Originalität«, nämlich zu ihrem eigenen reinen Wesen zurückstreben soll (ein »Zurück«, das das eigentliche »Vorwärts« sein muß); – wenn sie Konven-

---

* Eine solche Spielerei unternahm ich einmal mit einem Freunde, um scherzeshalber festzustellen, wie viele von den verbreiteten Musikstücken nach dem Schema des zweiten Themas im Adagio der Neunten Symphonie gebildet waren. In wenigen Augenblicken hatten wir an fünfzehn Analogien der verschiedensten Gattung beisammen, darunter welche niederster Kunst. Und Beethoven selbst. Ist das Thema des Finale der »fünften« ein anderes als jenes, womit die »zweite« ihr Allegro ansagt? Und als das Hauptmotiv des dritten Klavierkonzerts, diesmal in Moll? –

tionen und Formeln wie ein verbrauchtes Gewand ablegen und in schöner Nacktheit prangen soll; – diesem Drange stehen die musikalischen Werkzeuge zunächst im Wege. Die Instrumente sind an ihren Umfang, ihre Klangart und ihre Ausführungsmöglichkeiten festgekettet, und ihre hundert Ketten müssen den Schaffenwollenden mitfesseln.

Vergeblich wird jeder freie Flugversuch des Komponisten sein; in den allerneuesten Partituren und noch in solchen der nächsten Zukunft werden wir immer wieder auf die Eigentümlichkeiten der Klarinetten, Posaunen und Geigen stoßen, die eben nicht anders sich gebärden können, als es in ihrer Beschränkung liegt*; dazu gesellt sich die Manieriertheit der Instrumentalisten in der Behandlung ihres Instrumentes; der vibrierende Überschwang des Violoncells, der zögernde Ansatz des Hornes, die befangene Kurzatmigkeit der Oboe, die prahlhafte Geläufigkeit der Klarinette; derart, daß in einem neuen und selbständigeren Werke notgedrungen immer wieder dasselbe Klangbild sich zusammenformt und daß der unabhängigste Komponist in all dieses Unabänderliche hinein- und hinabgezogen wird.

* Und das ist das Siegreiche in Beethoven, daß er von allen »modernen« Tondichtern am wenigsten den Forderungen der Instrumente nachgab. Hingegen ist es nicht zu leugnen, daß Wagner einen »Posaunensatz« geprägt hat, der – seit ihm – in den Partituren ständige Wohnung nahm.

44

Vielleicht, daß noch nicht alle Möglichkeiten innerhalb dieser Grenzen ausgebeutet wurden – die polyphone Harmonik dürfte noch manches Klangphänonien erzeugen können –, aber die Erschöpftheit wartet sicher am Ende einer Bahn, deren längste Strecke bereits zurückgelegt ist. Wohin wenden wir dann unseren Blick, nach welcher Richtung führt der nächste Schritt?

Ich meine, zum abstrakten Klange, zur hindernislosen Technik, zur tonlichen Unabgegrenztheit. Dahin müssen alle Bemühungen zielen, daß ein neuer Anfang jungfräulich erstehe.

Der zum Schaffen Geborene wird zuerst die negative, die verantwortlich-große Aufgabe haben, von allem Gelernten, Gehörten und Scheinbar-Musikalischen sich zu befreien; um, nach der vollendeten Räumung, eine inbrünstig-aszetische Gesammeltheit in sich zu beschwören, die ihn befähigt, den inneren Klang zu erlauschen und zur weiteren Stufe zu gelangen, diesen auch den Menschen mitzuteilen. Diesen Giotto eines musikalischen Rinascimento wird die Weihe der legendarischen Persönlichkeit krönen. Der ersten Offenbarung wird sodann eine Epoche religiöser Musikgeschäftigkeit folgen, daran kein Zunftwesen ein Teil haben kann, insofern als die Berufenen und Eingeweihten unverkennbar, und nur diese die Vollbringenden sein werden. An diesem Zeitpunkt

leuchtet die vollste Blüte, vielleicht die erste in der Musikgeschichte der Menschheit. Ich sehe auch, wie die Dekadenz beginnt und die reinen Begriffe sich verwirren und wie der Orden entweiht wird . . .
Es ist das Schicksal der Späteren, und wir – heute – sind ihnen ähnlich, wie die Kindheit dem Greisenalter.

Was in unserer heutigen Tonkunst ihrem Urwesen am nächsten rückt, sind die Pause und die Fermate. Große Vortragskünstler, Improvisatoren, wissen auch dieses Ausdruckswerkzeug im höheren und ausgiebigeren Maße zu verwerten. Die spannende Stille zwischen zwei Sätzen, in dieser Umgebung selbst Musik, läßt weiter ahnen, als der bestimmtere, aber deshalb weniger dehnbare Laut vermag.

»Zeichen« sind es auch, und nichts anderes, was wir heute unser »Tonsystem« nennen. Ein ingeniöser Behelf, etwas von jener ewigen Harmonie festzuhalten; eine kümmerliche Taschenausgabe jenes enzyklopädischen Werkes; künstliches Licht anstatt Sonne. – Habt ihr bemerkt, wie die Menschen über die glänzende Beleuchtung eines Saales den Mund aufsperren? Sie tun es niemals über den millionenmal stärkeren Mittagssonnenschein. –
Und auch hier sind die Zeichen bedeutsamer ge-

worden als das, was sie bedeuten sollen und nur andeuten können.

Wie wichtig ist doch die »Terz«, die »Quinte« und die »Oktave«. Wie streng unterscheiden wir »Konsonanzen« und »Dissonanzen« – da, wo es überhaupt Dissonanzen nicht geben kann!

Wir haben die Oktave in zwölf gleich voneinander entfernte Stufen abgeteilt, weil wir uns irgendwie behelfen mußten, und haben unsere Instrumente so eingerichtet, daß wir niemals darüber oder darunter oder dazwischen gelangen können. Namentlich die Tasteninstrumente haben unser Ohr gründlich eingeschult, so daß wir nicht mehr fähig sind, anderes zu hören – als nur im Sinne der Unreinheit. Und die Natur schuf eine unendliche Abstufung – unendlich! wer weiß es heute noch?*

* »Die gleichschwebende zwölfstufige Temperatur, welche bereits seit ca. 1500 theoretisch erörtert, aber erst kurz vor 1700 prinzipiell aufgestellt wurde (durch Andreas Werkmeister), teilt die Oktave in zwölf gleiche Teile (Halbtöne, daher »Zwölfhalbtonsystem«) und gewinnt damit Mittelwerte, welche kein Intervall wirklich rein, aber alle leidlich brauchbar intonieren.« *(Riemann, Musiklexikon.)*

So haben wir durch Andreas Werkmeister, diesem Werkmeister in der Kunst, das »Zwölfhalbtonsystem« mit lauter unreinen, aber leidlich brauchbaren Intervallen gewonnen. Was ist aber rein und was unrein? Unser Ohr hört ein verstimmtes Klavier, bei welchem vielleicht »reine und brauchbare« Intervalle entstanden sind, als unrein an. Das diplomatische Zwölfersystem ist ein notgedrungener Behelf, und doch wachen wir über die Wahrung seiner Unvollkommenheiten. –

Und innerhalb dieser zwölfteiligen Oktave haben wir noch eine Folge bestimmter Abstände abgesteckt, sieben an der Zahl, und darauf unsere ganze Tonkunst gestellt. Was sagte ich, eine Folge? Zwei solche Folgen, die Dur- und Moll-Skala. Wenn wir dieselbe Folge von Abständen von einer anderen der zwölf Zwischenstufen aus ansetzen, so gibt es eine neue Tonart, und sogar eine fremde! Was für ein gewaltsam beschränktes System diese erste Verworrenheit ergab*, steht in den Gesetzbüchern zu lesen: wir wollen es nicht hier wiederholen.

Wir lehren vierundzwanzig Tonarten, zwölfmal die beiden Siebenfolgen, aber wir verfügen in der Tat nur über zwei: die Dur-Tonart und die Moll-Tonart. Die anderen sind nur Transpositionen. Man will durch die einzelnen Transpositionen einen verschiedenen Charakter entstehen hören: aber das ist Täuschung. In England, wo die hohe Stimmung herrscht, werden die bekanntesten Werke um einen halben Ton höher gespielt, als sie notiert sind, ohne daß ihre Wirkung verändert wird. Sänger transponieren zu ihrer Bequemlichkeit ihre Arie und lassen, was dieser vorausgeht und folgt, untransponiert spielen.

* Man nennt es »Harmonielehre«.

Liederkomponisten geben ihre eigenen Werke nicht selten in drei verschiedenen Höhen der Notation heraus; die Stücke bleiben in allen drei Ausgaben vollkommen die nämlichen.

Wenn ein bekanntes Gesicht aus dem Fenster sieht, so gilt es gleich, ob es vom ersten oder vom dritten Stockwerk herabschaut.

Könnte man eine Gegend, soweit das Auge reicht, um mehrere hundert Meter erhöhen oder vertiefen, das landschaftliche Bild würde dadurch nichts verlieren noch gewinnen.

Auf die beiden Siebenfolgen, die Dur-Tonart und die Moll-Tonart, hat man die ganze Tonkunst gestellt – eine Einschränkung fordert die andere.

Man hat jeder der beiden einen bestimmten Charakter zugesprochen, man hat gelernt und gelehrt, sie als Gegensätze zu hören, und allmählich haben sie die Bedeutung von Symbolen erreicht – Dur und Moll – Maggiore e Minore – Befriedigung und Unbefriedigung – Freude und Trauer – Licht und Schatten. Die harmonischen Symbole haben den Ausdruck der Musik, von Bach bis Wagner und weiter noch bis heute und übermorgen, abgezäunt.* Moll wird in derselben Absicht gebraucht und übt dieselbe Wirkung auf uns aus,

---

* So schrieb ich 1906. Die seither verflossenen zehn Jahre haben unser Ohr ein klein wenig erziehen geholfen.

heute wie vor zweihundert Jahren. Einen Trauermarsch kann man heute nicht mehr »komponieren«, denn er ist ein für allemal schon vorhanden.
Selbst der ungebildetste Laie weiß, was ihn erwartet, sobald ein Trauermarsch – irgendwelcher!
– ertönen soll. Selbst der Laie fühlt den Unterschied zwischen einer Dur- und Moll-Sinfonie
voraus.

Seltsam, daß man Dur und Moll als Gegensätze
empfindet. Tragen sie doch beide dasselbe Gesicht;
jeweilig heiterer und ernster; und ein kleiner Pin-
selstrich genügt, eines in das andere zu kehren.
Der Übergang vom einen zum zweiten ist un-
merklich und mühelos – geschieht er oft und rasch,
so beginnen die beiden unerkenntlich ineinander
zu flimmern. – Erkennen wir aber, daß Dur und
Moll ein doppeldeutiges Ganzes und daß die
»vierundzwanzig Tonarten« nur eine elfmalige
Transposition jener ersten zwei sind, so gelangen
wir ungezwungen zum Bewußtsein der Einheit
unseres Tonartensystems. Die Begriffe von verwandt und fremd fallen ab – und damit die ganze
verwickelte Theorie von Graden und Verhältnissen. Wir haben eine einzige Tonart. Aber sie ist sehr
dürftiger Art.

»Einheit der Tonart.«

– »Sie meinen wohl ›Tonart‹ und ›Tonarten‹ sind der Sonnenstrahl und seine Zerlegung in Farben?« Nein, nicht das kann ich meinen. Denn unser ganzes Ton-, Tonart- und Tonartensystem ist in seiner Gesamtheit selbst nur der Teil eines Bruchteils eines zerlegten Strahls jener Sonne »Musik« am Himmel der »ewigen Harmonie«.

So sehr die Anhänglichkeit an Gewohntes und Trägheit in des Menschen Weise und Wesen liegen – so sehr sind Energie und Opposition gegen Bestehendes die Eigenschaften alles Lebendigen. Die Natur hat ihre Kniffe und überführt die Menschen, die gegen Fortschritt und Änderungen widerspenstigen Menschen; die Natur schreitet beständig fort und ändert unablässig, aber in so gleichmäßiger und unwahrnehmbarer Bewegung, daß die Menschen nur Stillstand sehen. Erst der weitere Rückblick zeigt ihnen das Überraschende, daß sie die Getäuschten waren.
Deshalb erregt der »Reformator« Ärgernis bei den Menschen aller Zeiten, weil seine Änderungen zu unvermittelt und vor allem, weil sie wahrnehmbar sind. Der Reformator ist – im Vergleich zur Natur – undiplomatisch, und es ist ganz folgerichtig, daß seine Änderungen erst dann Gültigkeit erlangen, wenn die Zeit den eigenmächtig vollführten Sprung wieder auf ihre feine unmerk-

liche Weise eingeholt hat. Doch gibt es Fälle, wo der Reformator mit der Zeit gleichen Schritt ging, indessen die übrigen zurückblieben. Und da muß man sie zwingen und dazu peitschen, den Sprung über die versäumte Strecke zu springen. Ich glaube, daß die Dur- und Moll-Tonart und ihr Transpositionsverhältnis, daß das »Zwölfhalbtonsystem« einen solchen Fall von Zurückgebliebenheit darstellen.

Daß schon einige empfunden haben, wie die Intervalle der Siebenfolge noch anders geordnet (graduiert) werden können, ist in vereinzelten Momenten bereits bei Liszt und in der heutigen musikalischen Vorwärtsbewegung ausgesprochener zur Erscheinung gekommen. Der Drang und die Sehnsucht und der begabte Instinkt sprechen daraus. Doch scheints mir nicht, daß eine bewußte und geordnete Vorstellung dieser erhöhten Ausdrucksmittel sich geformt habe.

Ich habe den Versuch gemacht, alle Möglichkeiten der Abstufung der Siebenfolge zu gewinnen, und es gelang mir, durch Erniedrigung und Erhöhung der Intervalle 113 verschiedene Skalen festzustellen. Diese 113 Skalen (innerhalb der Oktave C-C) begreifen den größten Teil der bekannten »24 Tonarten«, außerdem aber eine Reihe neuer Tonarten von eigenartigem Charakter. Damit ist aber der Schatz nicht erschöpft, denn die »Transposition« jeder einzelnen dieser 113 steht uns ebenfalls noch offen und überdies die Vermischung zweier (und weshalb nicht mehrerer?) solcher Tonarten in Harmonie und Melodie.

Die Skala c des es fes ges as b c klingt schon bedeutend anders als die des-Moll-Tonleiter, wenn man c als ihren Grundton annimmt. Legt man ihr noch den gewöhnlichen C-Dur-Dreiklang als Harmonie unter, so ergibt sich eine neue harmonische Empfindung. Man höre aber dieselbe Tonleiter abwechselnd, vom A-Moll-, Es-Dur- und C-Dur-Dreiklang gestützt, und man wird sich der angenehmsten Überraschung über den fremdartigen Wohllaut nicht erwehren können.

Wohin aber würde ein Gesetzgeber die Tonfolgen c des es fes g a h c / c des es f ges a h c / c d es fes ges a h c / c des e f ges a b c / oder gar: c d es fes g ais h c / c d es fes gis a h c / c des es fis gis a b c einreihen mögen?

Welche Reichtümer sich damit für den melodischen und harmonischen Ausdruck dem Ohr öffnen, ist nicht sogleich zu übersehen; eine Menge neuer Möglichkeiten ist aber zweifellos anzunehmen und auf den ersten Blick erkennbar.

Mit dieser Darstellung dürfte die Einheit aller Tonarten endgültig ausgesprochen und begründet sein. Kaleidoskopisches Durcheinanderschütteln von zwölf Halbtönen in der Dreispiegelkammer des Geschmacks, der Empfindung und der Intention: das Wesen der heutigen Harmonie.

Der heutigen Harmonie und nicht mehr auf lange: denn alles verkündet eine Umwälzung und einen nächsten Schritt zu jener »ewigen«. Vergegenwärtigen wir uns noch einmal, daß in ihr die Abstufung der Oktave unendlich ist, und trachten wir, der Unendlichkeit um ein weniges uns zu nähern. Der Drittelton pocht schon seit einiger Zeit an die Pforte, und wir überhören noch immer seine Meldung. Wer, wie ich es getan, damit, wenn auch bescheiden, experimentierte und – sei es mit der Kehle oder auf einer Geige – zwischen einem Ganzton zwei gleichmäßig abstehende Zwischentöne einschaltete, das Ohr und das Treffen übte, der wird zur Einsicht gelangt sein, daß Dritteltöne vollkommen selbständige Intervalle von ausgeprägtem Charakter sind, mit verstimmten Halbtönen nicht zu verwechseln. Es ist eine verfeinerte Chromatik, die uns vorläufig auf der ganztönigen Skala zu basieren scheint. Führten wir dieselbe unvermittelt ein, so verleugneten wir die Halbtöne, verlören die »kleine Terz« und die »reine Quinte«, und dieser Verlust würde stärker empfunden als der relative Gewinn eines »Achtzehndritteltonsystems«.

Es ist aber kein Grund ersichtlich, seinetwegen mit den Halbtönen aufzuräumen. Behalten wir zu jedem Ganzton einen Halbton, so erhalten wir eine zweite Reihe von Ganztönen, die um einen halben Ton höher steht als die erste. Teilen wir diese zweite Reihe von Ganztönen in Drittelteile ein, dann ergibt sich zu jedem Drittelton der unteren Reihe ein entsprechender Halbton in der oberen.

Somit ist eigentlich ein Sechsteltonsystem entstanden, und daß auch Sechsteltöne einstmals reden werden, darauf können wir vertrauen. Das Tonsystem, das ich eben entwerfe, soll aber vorerst das Gehör mit Dritteltönen füllen, ohne auf die Halbtöne zu verzichten.

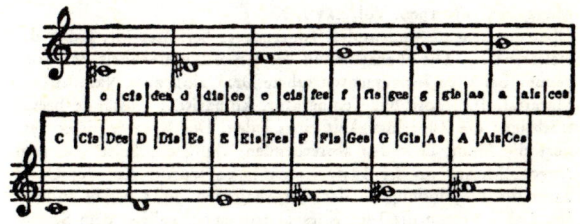

Um es zusammenzufassen: Wir stellen entweder zwei Reihen Dritteltöne, voneinander um einen halben Ton entfernt, auf; oder: dreimal die übliche Zwölfhalbtonreihe im Abstande von je einem Drittelton.

Nennen wir, um sie irgendwie zu unterscheiden, den ersten Ton C und die beiden nächsten Dritteltöne Cis und Des; den ersten Halbton (klein-)c und seine folgenden Dritteile cis und des; – die vorhergehende Tabelle erklärt alles Fehlende.

Die Frage der Notation halte ich für nebensächlich. Wichtig und drohend ist dagegen die Frage, wie und worauf diese Töne zu erzeugen sind. Es trifft sich glücklich, daß ich während der Arbeit an diesem Aufsatz eine direkte und authentische Nachricht aus Amerika erhalte, welche die Frage in einfacher Weise löst. Es ist die Mitteilung von Dr. Thaddeus Cahills Erfindung.* Dieser Mann

* »New Music for an old World. Dr. Thaddeus Cahills Dynamophone, an extraordinary electrical Invention for producing scientifically perfect music by Ray Stannard Baker«. Mc Clure's Magazine, July 1906. Vol. xxvii, No. 3. –
Über diesen transzendentalen Tonerzeuger berichtet Mr. Baker des weiteren: ... Die Warnehmung der Unvollkommenheit der Tongebung bei allen Instrumenten führte Dr. Cahill zum Nachdenken. Material, Indisposition, Temperatur, klimatische Zustände beeinträchtigen die Zuverlässigkeit eines jeden. Der Klavierspieler verliert die Macht über den absterbenden Klang der Saite von dem Augenblick an, wo die Taste angeschlagen wurde. Auf der Orgel kann die Empfindung an der festgehaltenen Note nichts ändern. Dr. Cahill ersann die Idee eines Instruments, welches dem Spieler die absolute Kontrolle über jeden zu erzeugenden Ton und über dessen Ausdruck gewährte. Er nahm sich die Theorien Helmholtz' zum Vorbild, die ihn lehrten, daß die Verhältnisse der Zahl und der Stärke der Obertöne zum Grundton den Ausschlag für den Klangcharakter der verschiedenen Instrumente geben. Demnach konstruierte er zu dem Apparat, welcher den Grundton schwingen läßt, eine Anzahl supplementärer Apparate, von welchen jeder einen der Obertöne erzeugt, und konnte solche in beliebiger An-

hat einen umfangreichen Apparat konstruiert, welcher es ermöglicht, einen elektrischen Strom in eine genau berechnete, unalterable Anzahl Schwingungen zu verwandeln. Da die Tonhöhe von der Zahl der Schwingungen abhängt und der Apparat auf jede gewünschte Zahl zu »stellen« ist, so ist durch diesen die unendliche Abstufung der Oktave einfach das Werk eines Hebels, der mit dem Zeiger eines Quadranten korrespondiert.

Nur ein gewissenhaftes und langes Experimentie-

ordnung und Stärke dem Grundton zuhäufen. So ist jeder Klang einer mannigfaltigsten Charakterisierung fähig, sein Ausdruck auf das empfindlichste dynamisch zu regeln, die Stärke vom fast unhörbaren Pianissimo bis zur unerträglichen Lautmacht zu produzieren. Und weil das Instrument von einer Klaviatur aus gehandhabt wird, bleibt ihm die Fähigkeit bewahrt, der Eigenart eines Künstlers zu folgen.

Eine Reihe solcher Klaviaturen, von mehreren Spielern gespielt, kann zu einem Orchester zusammengestellt werden.

Der Bau des Instrumentes ist außerordentlich umfangreich und kostspielig, und sein praktischer Wert müßte mit Recht angezweifelt werden. Zum Vermittler der Schwingungen zwischen dem elektrischen Strom und der Luft wählte der Erfinder das Telephon-Diaphragma. Durch diesen glücklichen Einfall ist es möglich geworden, von einer Zentralstelle aus nach allen mit den Drähten verbundenen Plätzen, selbst auf große Entfernungen hin, die Klänge des Apparates zu versenden; und gelungene Experimente haben erwiesen, daß auf diesem Wege weder von den Feinheiten noch von der Macht der Töne etwas eingebüßt wird. Der in Verbindung stehende Raum wird zauberhaft mit Klang erfüllt, einem wissenschaftlich vollkommenen, niemals versagenden Klang, unsichtbar, mühelos und unermüdlich. Dem Bericht, dem ich diese Nachrichten entnehme, sind authentische Photographien des Apparates beigegeben, welche jeden Zweifel über die Wirklichkeit dieser allerdings fast unglaublichen Schöpfung beseitigen. Der Apparat sieht aus wie ein Maschinenraum.

ren, eine fortgesetzte Erziehung des Ohres, werden dieses ungewohnte Material einer heranwachsenden Generation und der Kunst gefügig machen.

Welch schöne Hoffnungen und traumhafte Vorstellungen erwachen für sie! Wer hat nicht schon im Traume »geschwebt«? Und fest geglaubt, daß er den Traum erlebe? – Nehmen wir es uns doch vor, die Musik ihrem Urwesen zurückzuführen; befreien wir sie von architektonischen, akustischen und ästhetischen Dogmen; lassen wir sie reine Erfindung und Empfindung sein, in Harmonien, in Formen und Klangfarben (denn Erfindung und Empfindung sind nicht allein ein Vorrecht der Melodie); lassen wir sie der Linie des Regenbogens folgen und mit den Wolken um die Wette Sonnenstrahlen brechen; sie sei nichts anderes als die Natur in der menschlichen Seele abgespiegelt und von ihr wieder zurückgestrahlt; ist sie doch tönende Luft und über die Luft hinausreichend; im Menschen selbst ebenso universell und vollständig wie im Weltenraum; denn sie kann sich zusammenballen und auseinanderfließen, ohne an Intensität nachzulassen.

In seinem Buche »Jenseits von Gut und Böse« sagt Nietzsche:

»Gegen die deutsche Musik halte ich mancherlei Vorsicht für geboten. Gesetzt, daß man den Süden liebt, wie ich ihn liebe, als eine große Schule der Genesung, im Geistigsten und Sinnlichsten, als eine unbändige Sonnenfülle und Sonnenverklärung, welche sich über ein selbstherrliches, an sich glaubendes Dasein breitet: nun, ein solcher wird sich etwas vor der deutschen Musik in acht nehmen lernen, weil sie, indem sie seinen Geschmack zurückverdirbt, ihm die Gesundheit mit zurückverdirbt.

Ein solcher Südländer, nicht der Abkunft, sondern dem Glauben nach, muß, falls er von der Zukunft der Musik träumt, auch von einer Erlösung der Musik vom Norden träumen und das Vorspiel einer tieferen, mächtigeren, vielleicht böseren und geheimnisvolleren Musik in seinen Ohren haben, einer überdeutschen Musik, welche vor dem Anblick des blauen, wollüstigen Meeres und der mittelländischen Himmelshelle nicht verklingt, vergilbt, verblaßt, wie es alle deutsche Musik tut, einer übereuropäischen Musik, die noch vor den braunen Sonnenuntergängen der Wüste recht behält, deren Seele mit der Palme verwandt ist und unter großen, schönen, einsamen Raubtieren heimisch zu sein und zu schweifen versteht. – –

Ich könnte mir eine Musik denken, deren seltenster Zauber darin bestände, daß sie von Gut und

Böse* nichts mehr wüßte, nur daß vielleicht irgendein Schifferheimweh, irgendwelche goldne Schatten und zärtliche Schwächen hier und da über sie hinwegliefen: eine Kunst, welche von großer Ferne her die Farben einer untergehenden, fast unverständlich gewordenen moralischen Welt zu sich flüchten sähe, und die gastfreundlich und tief genug zum Empfang solcher späten Flüchtlinge wäre...«

Und Tolstoi läßt einen landschaftlichen Eindruck zu Musikempfindung werden, wenn er in »Luzern« schreibt:

»Weder auf dem See, noch an den Bergen, noch am Himmel eine einzige gerade Linie, eine einzige ungemischte Farbe, ein einziger Ruhepunkt – überall Bewegung, Unregelmäßigkeit, Willkür, Mannigfaltigkeit, unaufhörliches Ineinanderfließen von Schatten und Linien, und in allem die Ruhe, Weichheit, Harmonie und Notwendigkeit des Schönen.«

Wird diese Musik jemals erreicht?

»Nicht alle erreichen das Nirwana; aber jener, der von Anfang an begabt, alles kennenlernt, was man kennen soll, alles durchlebt, was man durch-

---

* Hier macht sich Nietzsche eines Widerspruchs schuldig; träumt er vorher von einer vielleicht »böseren« Musik, so denkt er sich jetzt eine Musik, die »von Gut und Böse nichts mehr wüßte«; – doch war mir bei der Anführung um den letzteren Sinn zu tun.

leben soll, verläßt, was man verlassen soll, ent-
wickelt, was man entwickeln soll, verwirklicht,
was man verwirklichen soll, der gelangt zum Nirwana.«* (Kern, »Geschichte des Buddhismus in
Indien«).
Ist Nirwana das Reich »Jenseits von Gut und
Böse«, so ist hier ein Weg dahin gewiesen. Bis an
die Pforte. Bis an das Gitter, das Menschen und
Ewigkeit trennt – oder das sich auftut, das zeit-
lich Gewesene einzulassen. Jenseits der Pforte er-
tönt Musik. Keine Tonkunst.** – Vielleicht, daß
wir erst selbst die Erde verlassen müssen, um sie
zu vernehmen. Doch nur dem Wanderer, der der
irdischen Fesseln unterwegs sich zu entkleiden ge-
wußt, öffnet sich das Gitter. –

* Wie auf Verabredung schreibt mir dieser Tage (1906) Mr. Vincent d'Indy: ». . . laissant de côté les contingences et les petitesses
de la vie pour regarder constamment vers un idéal, qu'on ne
pourra jamais atteindre, mais dont il est permis de se rapprocher.«

** Ich glaube gelesen zu haben, daß Liszt seine Dante-Symphonie
auf die beiden Sätze »Inferno« und »Purgatorio« beschränkte, »weil
unsere Tonsprache für die Seligkeiten des Paradieses nicht aus-
reichte.«

Anmerkungen
von Arnold Schönberg

Seite 11, Z. 20
wie jede andere Kunst.
Seite 11, Z. 23
aber der *Reim* (etc.) nicht.
Die Töne sind so wenig die Gedanken, wie der Reim.

Seite 12, Z. 15
Absolute Musik (ein falscher Ausdruck) ist solche, bei deren Konzeption dem Autor keine andern als musikalische Ursachen und Anlässe bewußt werden. – Das ist natürlich viel zu streng: denn sie könnte auch absolut sein, wenn der Autor sich irgendwelcher Gefühle bewußt wird.

Seite 13, Z. 16
Absolute könnte natürlich auch ohne »Architektur«,* bestehen, sondern bloß auf musikalische Räume musikalische Größen verteilen.
* (» *« Hier ist wohl einzufügen:* ohne »Symmetrie«, ohne »Einteilung«)
Seite 13, Z. 25
sehr gut

Seite 14, Z. 11
sehr gut
Seite 14, Z. 18
Auch an der. Das Material, das zur Gestaltung des Heiligsten geeignet war, zieht an; es wird uns ehrwürdig. Es ist der materielle Vorhof des Geistes.

Seite 16, Z. 13
unrichtig
1. Nicht durch die selbstgeschaffenen ... ist er nicht wei-

ter steigerungsfähig, sondern weil das *überflüssig* ist. Das ist niemandes Aufgabe.

2. Auch Beethoven und Bach waren es nicht; es kamen: Schumann, Mendelssohn, Brahms, Wagner etc.

3. Die selbstgeschaffenen Grenzen sind längst überschritten, ausgedehnt, das Material bereichert. Aber all das nicht zu dem Zweck, Wagner zu steigern, sondern einen, allerdings un-originellen Gefühlsausdruck zu geben.

Seite 16, Z. 25
Das heißt gar nichts!

Seite 17, Z. 28; Seite 18, Z. 1 ff.
Dann aber auch bei der Programm-Musik, und da aus einem Apfelkern nie ein Rosenstock wachsen wird, so ent-steht auch bei der Programm-Musik aus den Motiven nur das, was sie ihrem wahren Wesen nach sind. Und daran än-dert kein Programm etwas!

Seite 18, Z. 18
Es wird also aus dem Apfelkern ein Rosenstock.

Seite 19, Z. 1 ff.
Es giebt noch einige Ausdrucksmöglichkeiten, die Busoni übersieht: Die Musik kann den Menschen nachahmen, wie er *innerlich* ist, und in diesem Sinn ist eine Programm-Musik möglich.

Seite 20, Z. 17
sehr gut!

Seite 21, Z. 1 ff.
famos!
Seite 21, Z. 8
Die wahre Aufgabe der Theaterkunst ist eine andere: die Mittel des Theaters zur äußeren Darstellung innerer Vor-gänge zu benutzen. Das Theater ist eigentlich für den Künstler auch nichts anderes als ein Orchester und das

Drama eine Symphonie; denn es giebt nur eine Art von Kunst.

Seite 23, Z. 3 ff.
ziemlich richtig!
Seite 23, Z. 17
Antwort: nirgends
Seite 23, Z. 20
Das sind rein formale Anlässe!

Seite 24, Z. 16, vor ›nicht‹
noch
Seite 24, Z. 21
O, doch!!
Seite 24, Z. 27
Künstlerischer Genuß ist die höchste Form menschlicher Teilnahme. – Busoni meint das Mitgefühl mit handelnden Personen, ihrer Handlung, Leiden und Freuden wegen!

Seite 25, Z. 12
›menschliches‹ abgeändert zu ›durchschnittsmenschliches‹; *Z. 13/14:* ›Durchschnittsexistenzen fehlt‹ abgeändert zu ›Existenzen angemessen ist‹

Seite 26, Z. 4/5
nur: daß das Porträt das höhere, künstlerische Leben besitzt, während das Modell nur das niedere Leben hat.
Seite 26, Z. 12 ff.
Aber Notation ist unvollkommen, und deshalb ist der Autor bestrebt, sie so weit wie möglich zu verbessern. Je mehr eine Wiedergabe sich an die Zeichen hält, das heißt, je mehr von dem wahren Willen des Autors sie aus ihnen zu entnehmen vermag, desto höher steht natürlich die Interpretation. Denn der Interpret ist nicht der Erzieher des verwaisten Werkes, oder gar der Seelsorger – sondern sein heißester Diener:

64

jeden Wunsch möchte er ihm von den Lippen ablesen, jeden Gedanken, ehe er gedacht, empfangen, um ihn zu bewahren... u.s.w. – Dem stehen zwei Unvollkommenheiten entgegen: die der Notation und die des Dieners. Der Diener ist nämlich leider meist eine Individualität, die – statt sich hineinzuleben – sich ausleben möchte. Und so wird er meist zum Parasiten an der Außenseite, wo er im Blutkreislauf der Nährstrang sein könnte.

Seite 27, Z. 10, Seite 28, Z. 1
Aber das Reproduzierende darf nicht das Werk des großen Künstlers zu seinem eigenen machen!

Seite 28, Z. 20
Der Einfall macht eine *Wahl* überflüssig. Das ist ja das Wesen des Einfalls, der künstlerischen Methode, gegenüber der des Kunsthandwerkers einerseits und der des Wissenschaftlers andererseits.

Seite 29, Z. 5 f.
Es ist aber die Frage, ob das gut ist. Ich bin bei *Beethoven* (!) nicht immer überzeugt davon. Und es ist noch ein Unterschied, wenn ein Beethoven seinen Einfall in sein Inneres zum Umschmelzen zurückschickt, als wenn das ein Dritter – ohne Berufung – tut!

Seite 29, Z. 14
Aber sie ist eine Sünde gegen den Geist. Und da sie niedergeschrieben, getan ist, ist sie mehr als Gedankensünde: Sünde am Gedanken!

Seite 29, Z. 18
Doch: denn da er es bis zu einem gewissen Grad in die *reale* Welt schafft – welchen Zweck hat vortragen sonst, – so kann er es mit demselben Mittel wieder daraus herausschaffen. –

Seite 29, Z. 21
richtig; das Notenpapier bleibt; daß der Geist beleidigt ist, macht nichts; der kann ja nichts sagen.

Seite 30, Z. 3 ff.
deshalb ist es besser, wenn Beethoven Variationen über
einen Walzer von Diabelli schreibt, als wenn Brahms solche
über ein Thema von Schumann schreibt. Erstere sind eine
Ironie, letztere eine Anmaßung.

Seite 31, Z. 7 ff.
Aber man sagt mit Recht: »eine poetische Natur«.
Wer eine »musikalische Natur« hat, ist musikalisch.
Seite 31, Z. 13
Auf diese Art ist ein Mensch musikalisch. Eben wie ein
solcher Schrank, *er klingt innerlich.*

Seite 32, Z. 3 ff.
!!?! umgekehrt: Gefühlsmäßig das Geistige erfassen – mit
den Sinnen den Sinn.
Seite 32, Z. 22 f.
Das ist die modisch übertriebene Verwendung eines sonst
recht brauchbaren Ausdrucks.
Poème musical ist ein Gedicht, dessen Material das der
Musik ist. Ein musikalischer Mensch ist einer – der aus
Musik besteht. Es ist also eine Ehrensache!

Seite 34, Z. 4 f.
viel öfter!
Seite 34, Z. 20 ff.
Ist das mit dem Geschmack nicht ebenso? Und: fragt ein
starkes Gefühl danach, ob es wertvoll sei, z. Bsp.: ein starker Zahnschmerz?

Seite 35, Z. 15, nach ›leider‹
? Gottseidank; sonst gäbs doch keine Unterschiede! Das
ist doch etwas zu servil für einen Busoni.
*Seite 35, Z. 20 ff. in bezug auf ›Ökonomie‹ und ›Gleichge-
wicht‹*
Das ist doch wohl dasselbe!

66

Wenn in Italien die Menschen so musikalisch sind und den
Ausdruck musikalisch benötigen, so können sie ihn einfüh-
ren. Wenn nicht, dann nicht. – In Frankreich wird das
überflüssig sein.

Seite 37, Z. 8 ff.
Busoni verwechselt das »tief Gefühlte« mit dem Gefühl
»Tiefe«! Zweifellos ist das Champagnerlied etwas, dessen
höchste Lustigkeit ebenso aus der Tiefe der menschlichen
Natur kommt, wie der Überschwang einer tiefen Innigkeit.
Jedoch, wenn man bedenkt, daß man zwar sowohl im tief-
sten wie im höchsten (?) Ernst sprechen kann, jedoch nicht
von einer hohen, sondern von einer tiefen Traurigkeit be-
fallen wird, daß Traurigkeit als Depression bezeichnet
wird, so wird man die Tiefe im allgemeinen eher auf der
Seite des Ernsten zu suchen haben als auf der des *Lustigen*.
Gewiß ist es richtig, daß nur eine tiefe Natur etwas wahr-
haft Lustiges ausdrücken kann. Aber dazu gehört auch der
Satz der IX., der »an die Freude« gerichtet ist, und nicht
bloß der aus der Tiefe kommende I. –

Seite 37, Z. 27 f.
Mit der Tiefe wird es wohl so sein, wie mit musikalisch:
Sprachgebrauch; wir stellen uns etwas Besonderes darunter
vor und können dieses Besondere nicht besser ausdrücken.
Aber der Ausdruck genügt uns durch die Bedeutung, die
wir alle kennen, und das ist für den Sprachgebrauch die
Hauptsache.
Aber es könnte auch so sein, daß, so wie uns die Grazie
und der Esprit, den die anderen haben, angeblich fehlt, wir
die Tiefe haben, die ihnen angeblich fehlt. Jedenfalls ver-
bindet sich bei uns eine Vorstellung mit diesem Wort.
Nachstehendes gehört sinngemäß zur Randbemerkung S. 37
Seite 38, Z. 5, nach ›herumschleicht‹
kann von einem starken, entgegengesetzten Gefühl be-
herrscht sein.

Seite 38, Z. 10
Vielleicht, weil es in einer tiefern Tiefe beschäftigt ist.
Seite 38, Z. 22
Gerade darin: denn die Fähigkeit*, sich hinzugeben, fragt
nicht erst den Geschmack; sie ist ein Trieb, und ein tiefes
Gefühl ist oft vor dem unwürdigsten Gegenstand am
stärksten.
* sie ist urteilslos!
Vielleicht ist dieses Gefühl, das wir Tiefe nennen, an sich
kein Vorzug, sondern nur eine Eigen- *(hier bricht der Satz
ab.)*

Seite 40/41
Daß eine Hand besser greifen kann als ein Fuß, daß ein
Bohrer schneller ein tiefes Loch macht als ein Hammer, daß
mit einem Wort angeborene, gegebene, vorbestimmte Eigenschaften einen Menschen oder Gegenstand für eine bestimmte
Leistung geeignet machen, während hingegen ihr Fehlen ihn
ungeeignet macht, ist doch selbstverständlich. Daß also ein
Komponist – ein zum Komponieren veranlagter – mit
dem Drang des Ausdrucks auch dessen Mittel besitzt, Wagner also, obwohl er etwas Neues zu sagen hatte, (es) auch
sagen konnte, das ist nicht Routine, sondern jene quasi ani-
malische Sicherheit, die ein Organ am richtigen Ort immer
beweisen wird. Wagner konnte: aber konnte *nichts Mechanisches!* Diese Fähigkeit: Mechanisches, das ist: bewußt sich
zu wiederholen – besaß er nicht. Er wiederholte sich unbewußt, das ist ein Mangel. Aber einer, über den *kein Sterb-
licher* bis jetzt hinausgekommen ist. Immerhin: er wiederholte *sich*, keinen andern: und oft überholte er dabei sich,
d. h. andere!

Seite 42, Z. 10 ff.
Busoni überschätzt die Neuheit eines Klanges, der bloß durch
die Klangwerkzeuge hervorgerufen wird. Schließlich klingt
ein C-Dur-Dreiklang in der heterogensten Mischung noch

68

immer einem von Streichern in der gleichen Zerstreuung gespielten ziemlich ähnlich.

Wesentliche Klangunterschiede entstehen weniger durch die Setzweise, als durch die Satzweise. Art, Zahl, Charakter und Verhältnis, Rhythmus, Akzente oder sonstiges Dynamisches der mitwirkenden *komponierten* Stimmen ist von viel größerem Einfluß.

Seite 44, Z. 3/4
Das bin aber wohl ich und
nicht er! Auch das Wort ist von mir!

Seite 44, Z. 13 ff.
Die Natur aber trifft das, wozu hier mehrere Etappen nötig sind, besser: sie stellt einen, einen einzigen Künstler hin, der das von vornherein kann; der damit geboren ist!

Seite 44, Z. 25, nach ›folgen‹
oder auch nicht: denn besser werden die Menschen nicht werden, weil die Musik besser ist. Wer jetzt Kitsch schreibt, wird auch nichts anderes vermögen!

Seite 44, Z. 28, zum Wort ›An‹
Das ist aus dem Französischen. Es ist nicht nötig, unsere Sprache durch die Ausdrucksweise anderer zu verbessern!

Seite 45, Z. 3
Die Dekadenz ist ein Historiker-Begriff. Ein Biolog müßte die Sache anders sehen: Degenerierung tritt ein, wenn ein Neues entstehen will. Dann schlagen die alten Dinge aus der alten Art, aber sie schlagen dabei teilweise bereits in die neue.

Z. 4 weil etwas neues, höheres entsteht.

Seite 46, Z. 8 f.
bei den Streichern und auch bei den Bläsern wird's der eine oder andere immerhin zusammenbringen. Auch Sänger soll es geben.

69

Das ist bis zu einem gewissen Grad Täuschung; bis zu einem
gewissen Grad aber wahr. Wenn ich ein Stück höher trans-
poniere, so wird es natürlich einen etwas andern Charakter
bekommen als in der tiefen Lage. Natürlich sind diese Unterschiede nicht immer leicht wahrnehmbar, so daß man
sie *manchmal* übersehen könnte und auch dürfte. Aber um
sich von der tatsächlichen, unbezweifelbaren Wirkung einer
Versetzung Rechenschaft zu geben, genügt es, einen krassen
Fall anzusehen. Man denke sich zum Bsp. das Wanderer-
Motiv

2 Oktaven höher, so fühlt wohl jeder die Charakterände-
rung. Dabei ist davon ganz abgesehen, daß zum Wanderer-
Motiv, wie zu jedem Einfall, auch sein Klang gehört, und
daß es dann nicht mehr von tiefen Posaunen und auch nicht
von hohen gespielt werden könnte. Gewiß: die Proportio-
nen bleiben die gleichen. Aber »in der Kunst ist 2 x 2 nicht
immer vier und 16:2 nicht *gleich* 8«, wie mir Kandinsky
einmal sehr richtig entgegnete, als ich ihn frug, ob er denn
für seine Bilder ein so großes Format brauche, ob er nicht
seine Dimensionen durch 2, 4 oder 8 dividieren könne, da
doch alle Verhältnisse: der Farben, Formen, Bewegungen
etc. gleichblieben. Und er hat recht. Sonst müßte man fragen, wozu es überhaupt große und kleine Bilder giebt! –
Man muß alle Konsequenzen ausdenken!

Aber unsere 12 Transpositionen sind natürlich in gewisser
Hinsicht 12 fremde Tonarten. Nämlich: wenn sie als solche
behandelt werden. Gewiß muß das nicht sein, wie ich in
meiner Harmonielehre gezeigt habe. Aber wenn es konsequent getan wird, kann es ein künstlerischer Vorteil sein.
Ein Vergleich: ich könnte ganz gut in einem Aquarellbild
irgendwelche stark hervortretende Partien mit Oel malen
(Tempera-Weiß nimmt man ja heute ohnedies) und damit

eine unter Umständen berechtigte Wirkung erzielen, die
ohne dieses Mittel nicht erreichbar wäre. Aber wenn ich
einen vollendeten Einfall in Aquarell habe, werde ich es
nicht tun müssen!
Oder: Es kommt darauf an, wie ein Ding behandelt wird;
ist die Behandlung in sich konsequent, so kann sie berech-
tigt sein. Ich kann meinen Bruder als meinen geborenen
Freund und Vertrauten ansehen und danach behandeln.
Aber ich kann auch sagen: Meine Freunde wähle ich mir
selbst nach meiner Natur; dieser Verwandte ist mir durch
den Zufall der Geburt nahegekommen, ich habe mir ihn
nicht gewählt, er ist weder mein Freund noch mein Ver-
trauter.
Stecke ich zwischen den 12 Tonarten Grenzen ab, wahre
diese und nehme ihre Überschreitung als etwas Schwerwie-
gendes an, so bin ich imstande, durch Benutzung dieses Po-
stulates künstlerische Wirkung zu erzielen. – Verwische
ich die Grenzen, so ist das eben ein anderes Postulat, die
Wirkung kann ihrem Wert nach dieselbe sein, nur die Technik hat sich geändert.
Es geht; muß aber nur sein, wenn ein *Einfall* dazu zwingt.

Seite 49, Z. 7
empfindet? unrichtig: *benützt!*
Seite 49, Z. 11 f.
les extrèmes se touchent – wenn sie nämlich *richtig gestellt*
sind.
Zu Seite 49

Es ist natürlich *nicht bloß
Täuschung,* – – und wenn,
so ist es *gelungene!* denn da
ein *Unterschied* vorhanden
ist, so ergiebt der von *selbst,*
oder mit *Leichtigkeit* einen
Charakterunterschied.

Wie aber wollte denn Busoni
aus *seinen 113 Tonarten Cha-
rakter-Unterschiede* heraus-
bekommen, wenn man sie
schon aus 2 nicht erhält, was
natürlich leichter sein muß,
weil 2 einander leichter verschieden sein können, als z.
Bsp. je 1 von allen 113!

71

Seite 51, Z. 5 ff.

Die 113 Busonis stehen auf keinem bessern Niveau als die 7 der Alten. Im Gegenteil: die 7 entsprangen einem *ursprünglichen* Irrtum des Geistes! Die 113 aber entstehen auf dem trockenen Weg der Kombination. Für 7 Tonarten konnte das Gedächtnis noch reichen. Bei 113 müßte es versagen (ich wüßte gerne, ob Busoni seine 113 Tonarten aufsagen könnte). Wenn die 113 festgehalten werden sollen, so müßten ihre Eigentümlichkeiten abstrahiert, formuliert, in Regeln gefaßt werden. Angenommen, (aber dann wäre die Charakteristik nur halb so groß) es genügte die Hälfte der Regeln wie für eine Kirchentonart, dann hätte man noch immer achtmal so viel Regeln als Anno 1600. – Angenommen, ein Musiker erlernte allmählich diese Regeln und brächte es dahin, sie mit Sicherheit anzuwenden: was sagt dann das freischwebende göttliche Kind dazu; wie verhielte es sich zu dieser Freiheit? Wenn es sich z. Bsp. bemühen müßte, die Eigentümlichkeit einer Tonart c des es fes ges a h c zu bewahren. Ich kann das natürlich nur mit den mir bekannten Mitteln tun. Ich habe diese Tonart nicht erfunden, und Busoni, der an ihr schuld ist, sagt nicht, wie sie behandelt werden könnte; außerdem bin ich gewiß kein Gesetzgeber, kaum ein Gesetznehmer. Aber wenn ich annehme, es genügte Busoni nicht, eine solche Tonleiter Ton für Ton hintereinander auf irgendeinen Akkord zu spielen (wie er anführt), so denke ich, daß es die erste Aufgabe eines Komponisten wäre, den Hörer zu zwingen, daß er diese Reihe als auf c aufgebaut hört, ihn also zu zwingen, c als Grundton zu hören. Melodisch, so kann ich mir vorstellen, könnte das gelingen, indem man recht oft mit c beginnt und schließt, das c mit einem Wort mit der »Interpunktion« zusammenfallen läßt, z. B.

Siehe Notenbeispiel auf Seite 73.

Aber damit weiß ich erst, daß der Grundton c ist. Nun müßte ich, da ja bei 113 Tonarten (in denen) alle Verhältnisse *jedesmal anders sind*, darauf bedacht sein, mit ebensolchen Mitteln den Umstand, daß die andern Töne wirklich

Lebhaft

oder: Adagio

des es fes ges a und h sind, ebenso sorgsam herauszuarbeiten. Denn sonst hätte ich nur irgendeine nebelhafte *exotische* Charakteristik, aber keine künstlerische. Und wenn ich die will, und die soll doch von der *selbstgewählten Tonart* ausgehen, sonst hätte ich die ja nicht gewählt, so kann ich gar nicht anders verfahren. Ich muß verfahren: und wer in der Kunst verfährt, verfährt sich!

Siehe Notenbeispiel auf Seite 74.

Und nun sehe Busoni einmal dieses Flöten-Solo aus meinen Pierrot-lunaire-Melodramen an. Ob diese Melodie schön oder gut ist, steht nicht zur *Diskussion;* daß sie es ist, behaupte ich hier nicht, sondern glaube es bloß. Aber ob sie nicht der göttlichen Freiheit des schwebenden Kindes mehr entspricht, als was dem Gefängnis seiner Tonreihen entspränge! Hier ist kein Verfahren als der Einfall (sollte jemand eines finden, so setze ich meinen Eid dagegen); ich habe weder einen Grundton, noch sonst einen Ton herausarbeiten müssen; ich durfte jeden der 12 Töne benutzen, mußte mich nicht in das Prokrustesbett einer motivischen Phrasierung zwingen, brauchte keine Abschlüsse, Abschnitte

und Phrasenanfänge und -enden zu berücksichtigen. Wie gesagt: diese Melodie darf *vielen mißfallen*, aber daß sie *»freier«* ist, als eine in einer der 113 Tonarten komponierte, wird *jeder zugeben* müssen. Vielleicht aber ist er es doch, dieser Vorzug der Freiheit, der Busoni stört, wenn er sagt: »Doch scheints mir nicht, daß eine *bewußte* und *geordnete* Vorstellung dieser erhöhten Ausdrucksmittel sich geformt habe.« Es fehlen der Freiheit, die er meint, (zum Bewußt-machen und Ordnen der Vorstellungen) scheinbar doch die Gesetzgeber, die er vielleicht auch meint, aber nicht – liebt.

(Der folgende Text auf einem losen Zettel dürfte sinnge-mäß zu den Seiten 54–56 gehören.)

Busoni überschätzt, aber Pfitzner unterschätzt gewiß den Wert des *Materials*! Welchen guten Handwerker freute nicht ein schönes Material, und welcher gute Musiker ist nicht mit Stolz auch ein guter Handwerker. Den Tischler und den Geigenmacher erfreut ein schönes Stück Holz, den Schuster das Leder, den Maler Farben, Pinsel und Lein-wand, den Bildhauer der Marmor – sie alle ahnen das künf-tige Werk – es steht vor ihnen. Jeder weiß wohl: es ist noch etwas dazu nötig; es muß erst geschaffen werden. Aber im Material sehen sie bereits seine Zukunft: der Geist wird geweckt – es ist gleichgültig, wer ihn weckt – wenn er nun nur da ist, so darf man Halleluja rufen!

Die Transkription der handschriftlichen Anmerkungen Schönbergs besorgte Eleonore Vondenhoff.

Der *Entwurf einer neuen Ästhetik der Tonkunst*
ist ein Stück echter Utopie. Er hat in der Kürze,
mit der die Vision einer vollkommeneren Musik
hingezeichnet ist, seinesgleichen nicht. Man kann
auf ihm kein System aufbauen, an ihm keine
Lehrmethode entwickeln. Und doch wurde durch
ihn der Weg der Musik im zwanzigsten Jahr-
hundert vorausgesehen und in vielem beeinflußt.

Ferruccio Busoni hat die Notizen und launisch
wechselnden Proteste und Bekenntnisse, aus denen sich das Büchlein zusammensetzt, als Vierzig-
jähriger aufgeschrieben, mitten in einer Vita Ac-
tiva der mannigfachen Äußerungen: als welt-
berühmter Pianist, als umstrittener Komponist,
als Dirigent von Konzertzyklen mit moderner
Musik, als Lehrer. Er lebte damals (1906) in Berlin, dessen geistiges Klima ihm, dem toskanischen
Europäer, zusagte. Hier fand er den weltoffenen
Zukunftsglauben, der auch ihn beseelte; hier den
Mangel an Traditionslast, der seinen Rebellen-
trieb bestätigte.

Wie alle Utopien ist Busonis Entwurf Resultat
eines Überdrusses am Gegebenen. Doch heller,

phantastischer und dichterischer hatte noch niemand den Ruf nach neuen Ordnungen formuliert. Ein ganz frischer, ungewohnter Ton klingt durch diese Blätter, ein Sausen von Floretten oder ein Strömen von dünner Höhenluft wie in den Spätwerken Friedrich Nietzsches. Was ist das Besondere, das Faszinierende an dem sehr kühnen, sehr weltlichen Traktat? Zweierlei. Erstens: hier betrachtet ein Musiker die Musik von außen her, unbeirrt durch Konventionen und starre Überlieferung. Und zweitens: das Büchlein ist voll eines neuen Optimismus, der nichts mehr mit der positivistischen Oberflächlichkeit der Fortschrittsanbeterei gemeinsam hat.

Busonis geistiger Horizont ist außerordentlich weit. Auf den vierzig Seiten der Rilke gewidmeten Schrift treffen sich Gedanken Hugo von Hofmannsthals, Nietzsches, Leo Tolstois und Edgar Allan Poes mit denen seiner eigentlichen Götter: E. T. A. Hoffmann und Goethe. Die sichtbaren Dinge, die Phänomene der bildenen Künste, treten dagegen zurück, nur Giotto und Michelangelo werden am Rande erwähnt. Um so weiter ist der Kreis der Musiker gezogen, die Busoni alle auf seine ganz persönliche Weise sieht, Beethoven und Bach, Mozart und Wagner, Berlioz, d'Indy, Offenbach, Schumann, Schubert und Liszt. Den Schriftgelehrten der Tonkunst, ob sie nun Che-

77

rubini heißen oder Werckmeister, gilt seine Skepsis.

Die Kraft der Beunruhigung, die von Busoni ausging, war schöpferisch. Sie lebt in dem *Entwurf* weiter, in der Unbekümmertheit, mit der immer neue Probleme nur eben gestreift werden, Probleme des Schöpferischen und des Nachschöpferischen, der Technik und der Ästhetik, des Tonsystems und der Realisierung von Klang. Diese ›Unfertigkeit‹ des Versuchs ist oft kritisiert worden, selbst in dem esoterischen Freundeszirkel um Busoni. Wie konnte man übersehen, daß es sich hier nicht um wissenschaftliche Arbeit handelte, sondern um ein Sprachkunstwerk, um ein Manifest von hymnischem Schwung, voller Witz, Ironie und beglückender Polemik, aber auch voller romantischer Visionen! Merkwürdig, daß der *Entwurf* gerade bei Hans Pfitzner, dem in so vieler Hinsicht Busoni Geistesverwandten, ein ätzend-nationalistisches Gegenpamphlet anregte: die *Futuristengefahr*.

Busoni war kein historisierender Typus. Von ›geheiligten Traditionen‹ hielt er nicht viel, und es war nicht als Paradoxon gemeint, wenn er schrieb, die Musik als Kunst sei ›kaum vierhundert Jahre‹ alt. Für den modernen historischen Blick beginnt Anfang des sechzehnten Jahrhunderts schon die ›dritte Periode‹, die musikalische Neuzeit.

78

Programm-Musik ist ihm ebenso verdächtig wie absolute Musik, die ihm nicht absolut genug, zu sehr am Formschema hängend erscheint. Er ist durchaus Repräsentant der Autonomie-Ästhetik, das heißt einer Anschauung, die der Musik ein eigenes Leben, eigene Gesetze zubilligt; doch er sträubt sich auch hier gegen Systematisierungen wie das ›Hanslicksche ›Klang-Tapetenmuster‹. Seine etwas komplizierte, im Geist eines philosophischen Jugendstils gehaltene Definition des musikalischen Gefühls darf man freilich nicht zu genau nehmen; da gerät der Gedankenflug des *Entwurfs* in die Irrationalismen der Lyrik.

Sehr konkret werden Busonis Gedanken, wo es um Fragen der Wiedergabe von Musik geht. Er polemisiert gegen die ›Gesetzgeber‹ mit ihrer Buchstabentreue und sagt ganz nebenher Wahrheiten, die jeder ausübende Künstler beherzigen sollte.

Als Busoni am 27. Juli 1924 in Berlin starb, hatte seine persönliche Lehre Frucht getragen. Philipp Jarnach, Wladimir Vogel, Kurt Weill und andere folgten dem Vorbild des großen Schaffenden, der in der unvollendeten Partitur des *Doktor Faust* ein verpflichtendes Erbe zurückließ. Wie sehr die letzten dreizehn Seiten des *Entwurfs* der Zeit vorauseilten, das begann sich damals erst am Horizont der Weltmusik abzuzeichnen. Busoni spricht da von den hundert Ketten, mit denen die Instrumente den Komponisten fesseln. Er will die Freiheit des abstrakten Klangs, der hindernislosen Technik, der tonlichen Unbegrenztheit.

Dann macht er Vorschläge. Er konstruiert neue Tonarten, indem er alle chromatischen Möglichkeiten der zwölf Töne in einem System siebenstufiger Leitern Unterschlupf finden läßt. Er ahnt mit dem ›kaleidoskopischen Durcheinanderschütteln von zwölf Halbtönen‹ ein Teilgesetz der Zwölftönemusik Arnold Schönbergs und Josef Matthias Hauers voraus. Er entwirft ein System von Sechsteltönen, wie es zwanzig Jahre später Alois Hába theoretisch und praktisch ausgebaut und am Prager Staatskonservatorium einem internationalen Schülerkreis übermittelt hat.

Der kühnste Hinweis steht kurz vor dem Schluß des *Entwurfs*. Busoni ist fasziniert von der Schilderung eines neuen Musikinstrumentes, das sich Dynamophone nennt. Der Erfinder, ein Amerikaner namens Cahill, bedient sich elektrischer Kraft zur Herstellung synthetischer Töne. In diesem ›wissenschaftlich vollkommenen‹ Klang sieht Busoni seine Utopie erfüllt.

Mit der Vision des maschinengezeugten elektrischen Klangs wird das Buch seinem Ende zugetragen; über Nietzsche und ein Zitat aus H. Kerns 1883 erschienenem Buch *Der Buddhis-*

mus und seine Geschichte in Indien wendet Busoni, dem von Schopenhauer hypnotisierten Wagner
nicht unähnlich, seinen Blick auf ein modernes
Nirwana.

Der Maschinentraum ist Wahrheit geworden.
Schon hat sich die Technik längst als wichtigstes
Medium der Klangübertragung unserem Leben
aufgedrängt. Schallplatte, Rundfunk, Tonfilm
und Fernsehen, 1906 noch nicht entdeckt oder in
primitiven Anfängen, sind Träger einer neuen
musikalischen Zivilisation, die Millionen von
Menschen zu Nutznießern einer früher exklusiven
Kunstübung macht. Der ›wissenschaftlich voll-
kommene Klang‹, wünschenswert oder nicht, ist
eine Realität. Er greift in die Bereiche des Schöpferischen über.

Schon entdeckten Komponisten in der elektronischen Tonerzeugung Stimulantien ihrer schaffenden Phantasie. Und wie die Kybernetik in den
Automaten, den elektronischen Rechenmaschinen
unheimliche Anzeichen eines unseren Sinnen nicht
mehr begreiflichen Lebens nachweist, so lebt vielleicht in dieser homunkulischen Musik der elektrischen Ströme eine neue, von uns kaum noch
kontrollierte Kunst. Busonis Utopie hat sie geahnt.

Arnold Schönberg besaß das Büchlein in der ersten, 1907 in Triest erschienenen Ausgabe mit der

handschriftlichen Widmung ›Dem Componisten Arnold Schönberg zur Verständigung F. Busoni‹. In seiner 1910-11 geschriebenen Harmonielehre polemisiert er gegen die 113 siebenstufigen Tonarten des im übrigen von ihm geschätzten und sehr verehrten ›vornehmen und mutigen Künstlers‹. 1910 erwarb der Insel-Verlag den *Entwurf*, den Busoni durch zahlreiche Fußnoten erweiterte. Schönberg besaß ein Exemplar der 1916 erschienenen Auflage, in das er die hier zum ersten Mal veröffentlichten Randbemerkungen schrieb. Sie sind nicht datiert, können aber nicht vor 1917 entstanden sein. Denn gegen Schluß, anknüpfend an Busonis Bemerkung auf S. 58 über ›dieses ungewohnte Material‹, schreibt Schönberg: ›Busoni überschätzt, aber Pfitzner unterschätzt gewiß den Wert des Materials!‹ Anfang 1917 aber war im Verlag der Süddeutschen Monatshefte Pfitzners Streitschrift *Futuristengefahr* erschienen, mit dem Untertitel ›Bei Gelegenheit von Busoni's Ästhetik‹. Auf S. 15 und 16 des Pamphlets stehen die Sätze, in denen die Hegemonie des Künstlers über die Bedeutung des Materials festgestellt wird. Schönberg besaß Pfitzners Schrift, hat sie ebenfalls mit Randbemerkungen versehen und obendrein einen Gegenartikel *Falscher Alarm* zu schreiben begonnen, den er aber unvollendet ließ, da er ›die Broschüre nach und nach immer schlechter fand‹.

Die Randbemerkung zu S. 47 – die Transposition betreffend – enthält einen Passus über Wassilij Kandinsky. Schönberg erinnert sich da an einen Briefwechsel mit dem russischen Maler, den er nicht genau zitiert. Kandinsky hatte ihm am 13. Januar 1912 geschrieben: ›Mathematisch ist 4:2 = 8:4. Künstlerisch – nicht. Mathematisch ist $1+1 = 2$, künstlerisch kann auch $1-1 = 2$ sein.‹ (Der Brief ist in Josef Rufers *Das Werk Arnold Schönbergs*, Kassel 1959, S. 180 f. abgedruckt.)

In der langen Randbemerkung, die an S. 51 angefügt ist, vergleicht Schönberg Busonis 113 Tonleitern mit den ›7 der Alten‹. Er meint mit dieser nicht näher definierten, auch in seiner Harmonielehre enthaltenen Formel die Kirchentonarten, deren Entstehung er ›einem ursprünglichen Irrtum des Geistes‹ zuschreibt.

Das zitierte Flötensolo aus seinen *Pierrot Lunaire*-Melodramen begleitet das siebente Stück des Zyklus, *Der kranke Mond* und kehrt im dreizehnten, *Enthauptung*, wieder. Es kennzeichnet Schönbergs Kunstanschauung, daß er auch hier den ›Einfall‹ gegen das ›Verfahren‹ stellt.

Insgesamt zeigen diese Marginalien ein sehr reiches und detailliertes Bild seiner eigenen Ästhetik. Der Dialog, den hier zwei große Musiker unabhängig voneinander führen, gibt den Geist der Epoche, in der er zustande kam, ungemein anschaulich wieder. In diesem Jahr 1974, das die fünfzigste Wiederkehr von Busonis Todestag und die hundertste von Schönbergs Geburtstag nahe zusammenrückt, hat seine Veröffentlichung nicht nur historischen Wert.

H. H. Stuckenschmidt

Inhalt

Bibliothek Suhrkamp
Alphabetisches Verzeichnis